JN096775

教職のための

中等社会科教育の理論と指導法

編著　宇内　一文

著　松岡　侑介
　　高木　加奈絵
　　佐久間　邦友

三恵社

目次

はじめに
教職課程コアカリキュラムと各教科の指導法

　本書は、中学校社会科のうち歴史的分野と公民的分野を中心として、中学校社会科の目標と内容、社会的な見方・考え方、学習指導と評価、社会科の成り立ち、教育課程の特徴、教科書検定制度と社会科教科書、学習指導案の作成、授業実践例を内容とした「中等社会科教育の理論と指導法」に関するテキストである。

　本書は、現行学習指導要領（平成29年告示）とその解説に準拠し、教職課程コアカリキュラムにおいて求められている学修内容を網羅し、最新の中学校社会科の理論と実践方法の両方を学修できることを意図して編纂した。

　「社会科教育法」、「社会科・地理歴史科教育法」「社会科・公民科教育法」などの名称で、中学校社会科、高等学校地理歴史科、公民科の教員免許状を取得するための「教科の指導法」に関する教職科目で使用することを想定している。

　本書を通して、読者に身につけてもらいたいことは、次の通りである。

1. 学習指導要領に示された中学校社会科の目標と内容を理解できる。
2. 中学校社会科の背景となる学問領域との関係を理解して教材研究に活用できるとともに発展的な学習内容について探究し、それを学習指導に生かすことができる。
3. 中学校社会科の基礎的な学習指導理論を理解するとともに、具体的な授業場面を想定した授業設計を行う方法を身につけている。
4. 中学校社会科の実践研究の動向を知り、授業設計の向上に主体的に取り組むことができる。

本書の特徴は、編者が担当してきた「教科の指導法」の授業で配布した資料（Power Point のスライド）を図として用いてポンチ絵（概略図）のように示すことで内容の理解が深められるよう工夫していることである。本書を通じて、中等社会科教育の理論と指導の両方を実践できる教員の養成に貢献できれば幸いである。

第1節　教職課程コアカリキュラム

　2015 年 12 月 21 日に、文部科学大臣の諮問機関である中央教育審議会が「これからの学校教育を担う教員の資質能力の向上について」を答申した。本答申では教員養成に関する改革の具体的な方向性として「学び続ける教員を支えるキャリアシステムの構築」が提言された。答申では「教員の主体的な『学び』を適正に評価し、その『学び』によって得られた能力や専門性といった成果を見える形で実感できるような取組やそのための制度構築を進めていくことが急務」として、各自治体において「教員育成指標の作成」とそれに基づく「教員研修計画の策定」、それらを協議するために教育委員会と大学が連携する「教員育成協議会の設置」が行われた。さらに、大学が教職課程を編成する際に参考とする指針として「教職課程コアカリキュラム」の策定も提言された。

　上記の提言を実現するための法改正として、2016 年 11 月の「教育公務員特例法」の改正（教員の資質向上に関する法改正）、同年 11 月の「教育職員免許法」および「同施行規則」の改正（教職課程の履修充実）が行われた。本改正により、「教職課程コアカリキュラム」が作成された（図 1）。

　教職課程コアカリキュラムは、免許法等で定められた教職科目について、学生が修得すべき資質能力を共通的に示し、そこに至るために

中央教育審議会答申「これからの学校教育を担う教員の資質能力の向上について～学び合い、高め合う教員育成コミュニティの構築に向けて～」(2015年12月21日)において、教員養成に関する改革の具体的な方向性[**学び続ける教員**を支えるキャリアシステムの構築の提言 → **教員育成指標**の作成と**教員研修計画**の策定 → 教育委員会と大学が協議する**教員育成協議会**の設置]についての提言「大学が教職課程を編成するに当たり参考とする指針(教職課程コアカリキュラム)を関係者が共同で作成すること……必要である」

教育公務員特例法改正(2016年11月) 教員の資質向上に関する法改正

教育職員免許法改正(2016年11月)及び同施行規則(2017年11月)の改正 教職課程の履修内容の充実

教職課程コアカリキュラムの作成(2017年11月) 教免法及び同施行規則に基づき全国すべての大学の教職課程で共通に習得すべき資質・能力について明示

図1 教職課程コアカリキュラム設定とその背景

必要な学習内容や到達基準を構造的に示すものである。

　教職課程コアカリキュラム作成の目的は、全国すべての大学の教職課程で共通的に修得すべき資質能力を示すことである。大学は、教員養成に求められる共通の内容、水準を確保しつつ大学独自の創意工夫を加えるなど、特色ある教員養成を一段と進めることが可能になる。コアカリキュラムは、教職課程の質を維持、向上することを通して、より高度な専門職要請を行うための具体的な方策であるということができる。高度専門職である教員に最小限必要とさ

れる資質能力を身に付けるため、各大学には、コアカリキュラムを踏まえた教職課程を編成し、そこでの学修と適切な評価を通じて、教員を目指す学生の質の維持、向上に努めることが求められる。

▌第2節　各教科の指導法

「社会科教育法」、「社会科・地理歴史科教育法」「社会科・公民科教育法」などの「教科の指導法」に関する科目は、「教育職員免許法施行規則」において「教科及び教科の指導法に関する科目」として位置づけられている。「教職課程コアカリキュラム」では、「各教科の指導法（情報機器及び教材の活用を含む。）」に該当する（図2）。教職課程コアカリキュラムでは、各教科の指導法の中に「情報機器及び教材の活用を含む。」と明記され、教職課程を履修する学生がICT（情報通信技術）を活用し、効果的に各教科の指導ができるようになることが期待されている。

教職課程コアカリキュラムとは
　教科及び教科の指導法に関する科目

「各教科の指導法(情報機器及び教材の活用を含む。)」

全体目標:
当該教科における教育目標、育成を目指す資質・能力を理解し、学習指導要領に示された当該教科の学習内容について背景となる学問領域と関連させて理解を深めるとともに、様々な学習指導理論を踏まえて具体的な授業場面を想定した授業設計を行う方法を身に付ける。

図2　各教科の指導法(情報機器及び教材の活用を含む。)

各教科の指導法の全体目標として、「当該教科における教育目標、育成を目指す資質・能力を理解し、学習指導要領に示された当該教科の学習内容について背景となる学問領域と関連させて理解を深めるとともに、様々な学習指導理論を踏まえて、具体的な授業場面を想定した授業設計を行う方法を身に付ける」と明記されている。

1つ目の(1)当該教科の目標及び内容(図3)として、一般目標において掲げられているのは、「学習指導要領に示された当該教科の目標や内容を理解する」ということである。到達目標として、5つ示されている。

教職課程コアカリキュラムとは

教科及び教科の指導法に関する科目

(1)当該教科の目標及び内容

一般目標:

　学習指導要領に示された当該教科の目標や内容を理解する。

到達目標:

1) 学習指導要領における当該教科の目標及び主な内容並びに全体構造を理解している。
2) 個別の学習内容について指導上の留意点を理解している。
3) 当該教科の学習評価の考え方を理解している。
4) 当該教科と背景となる学問領域との関係を理解し、教材研究に活用することができる。
5) 発展的な学習内容について探究し、学習指導への位置付けを考察することができる。※中学校教諭及び高等学校教諭

図3 「各教科の指導法」(1)当該教科の目標及び内容

1) 学習指導要領における当該教科の目標及び主な内容並びに全体構造を理解している。
2) 個別の学習内容について指導上の留意点を理解している。

3）当該教科の学習評価の考え方を理解している。

4）当該教科と背景となる学問領域との関係を理解し、教材研究に活用することができる。

5）発展的な学習内容について探究し、学習指導への位置付けを考察することができる。

※中学校教諭及び高等学校教諭を目指してる人にこれが求められている。

　2つ目の（2）当該教科の指導方法と授業設計（図4）として、一般目標において掲げられているのは、「基礎的な学習指導理論を理解し、具体的な授業場面を想定した授業設計を行う方法を身に付ける」ということである。到達目標として、5つ示されている。

教職課程コアカリキュラムとは

教科及び教科の指導法に関する科目

（2）当該教科の指導方法と授業設計

一般目標：

　基礎的な学習指導理論を理解し、具体的な授業場面を想定した授業設計を行う方法を身に付ける。

到達目標：

1）子供の認識・思考、学力等の実態を視野に入れた授業設計の重要性を理解している。

2）当該教科の特性に応じた情報機器及び教材の効果的な活用法を理解し、授業設計に活用することができる。

3）学習指導案の構成を理解し、具体的な授業を想定した授業設計と学習指導案を作成することができる。

4）模擬授業の実施とその振り返りを通して、授業改善の視点を身に付けている。

5）当該教科における実践研究の動向を知り、授業設計の向上に取り組むことができる。※中学校教諭及び高等学校教諭

図4 「各教科の指導法」（2）当該教科の指導方法と授業設計

1）子供の認識・思考、学力等の実態を視野に入れた授業設計の重要性を理解している。

2）当該教科の特性に応じた情報機器及び教材の効果的な活用法を理解し、授業設計に活用することができる。

3）学習指導案の構成を理解し、具体的な授業を想定した授業設計と学習指導案を作成することができる。

4）模擬授業の実施とその振り返りを通して、授業改善の視点を身に付けている。

5）当該教科における実践研究の動向を知り、授業設計の向上に取り組むことができる。

※中学校教諭及び高等学校教諭を目指してる人にこれが求められている。

　本書では、上記の「各教科の指導法」において求められる目標を踏まえて、中等社会科の理論と指導法の実際について、最新の教育動向を踏まえて学修していく。社会科教員に必要な知識・指導方法・指導技術を身に付けて欲しい。

参考文献

文部科学省ウェブページ　中央教育審議会　これからの学校教育を担う教員の資質能力の向上について　〜学び合い、高め合う教員育成コミュニティの構築に向けて〜(答申)(2022 年 11 月 30 日最終閲覧) https://www.mext.go.jp/b_menu/shingi/chukyo/chukyo0/toushin/1365665.htm

教職課程コアカリキュラムの在り方に関する検討会『教職課程コアカリキュラム』2017 年 11 月 17 日、7 頁（2022 年 11 月 30 日最終閲覧）https://www.mext.go.jp/component/b_menu/shingi/toushin/_icsFiles/afieldfile/2017/11/27/1398442_1_3.pdf

第1章

中学校社会科の目標と内容：「公民的資質・能力」の育成

第1節　現行学習指導要領における中学校社会科の基本的な考え方

　現行学習指導要領(平成29年告示)における社会科改訂の基本的な考え方を確認する(図1)。

●社会科改訂の基本的な考え方

ア　基礎的・基本的な「知識及び技能」の確実な習得

イ　「社会的な見方・考え方」を働かせた「思考力、判断力、表現力等」の育成

ウ　主権者として、持続可能な社会づくりに向かう社会参画意識の涵養やよりよい社会の実現を視野に課題を主体的に解決しようとする態度の育成

●社会科という教科の性格

　中学校社会科は、

　　　　　　公民としての資質・能力の基礎を育成する教科

　公民としての資質・能力とは、

　　　　　　選挙権を有する18歳に求められる資質・能力

　選挙権を有する18歳に求められる「広い視野に立ち、グローバル化する国際社会に主体的に生きる平和で民主的な国家及び社会の有為な形成者に必要な資質・能力」　※小学校学習指導要領(平成29年告示)解説　社会編

図1　社会科改訂の基本的な考え方、社会科という教科の性格

　1点目は、基礎的・基本的な「知識及び技能」の確実な習得。2点目は、「社会的な見方」を働かせた「思考力、判断力、表現力等」の育成。3点目は、主権者として、持続可能な社会づくりに向かう社会参画意識の涵養やよりよい社会の実現を視野に課題を主体的に解決しようとする態度の育成である。以上、3つが現行学習指導要領における社会科の基本的な考え方になる。

中学校社会科は、「公民としての資質・能力の基礎を育成する教科」である。「公民としての資質・能力」とは何かというと、「広い視野に立ち、グローバル化する国際社会に主体的に生きる平和で民主的な国家及び社会の有為な形成者に必要な資質・能力」のことである。『小学校学習指導要領解説 社会編』では、「公民としての資質・能力の基礎」は、「選挙権を有する18歳に求められる資質・能力」であることが強調されている。

中学校社会科の目標は、柱書として示された目標と、「知識及び技能」、「思考力、判断力、表現力等」、「学びに向かう力、人間性等」の資質・能力の三つの柱に沿った、それぞれ（１）から（３）までの目標から構成されている。中学校社会科の目標は、次の通りである。

社会科の見方・考え方を働かせ、課題を追究したり解決したりする活動を通して、広い視野に立ち、グローバル化する国際社会に主体的に生きる平和で民主的な国家及び社会の形成者に必要な公民としての資質・能力の基礎を次の通り育成することを目指す。

（1）我が国の国土と歴史、現代の政治、経済、国際関係等に関して理解するとともに、調査や諸資料から様々な情報を効果的に調べまとめる技能を身に付けるようにする。【知識・技能】

（2）社会的事象の意味や意義、特色や相互の関連を多面的・多角的に考察したり、社会に見られる課題の解決に向けて選択・判断したりする力、思考・判断したことを説明したり、それらを基に議論したりする力を養う。【思考力、判断力、表現力等】

（3）社会的事象について、よりよい社会の実現を視野に課題を主体的に解決しようとする態度を養うとともに、多面的・多角的な考察や深い理解を通して涵（かん）養される我が国の国土や歴史に対する愛情、国民主権を担う公民として、自国を愛し、その平和と繁栄を図ることや、他国や他国の文化を尊重することの大切さについての自覚などを深める。【学びに向かう力、人間性等】

中学校社会科の柱書に示された目標は、「社会科の見方・考え方を働かせ、課題を追究したり解決したりする活動を通して、広い視野に立ち、グローバル化する国際社会に主体的に生きる平和で民主的な国家及び社会の形成者に必要な公民としての資質・能力の基礎を次の通り育成することを目指す」である(図2)。

　「広い視野に立ち」とは、多面的・多角的に事象を捉え、考察することに関わりがある。さらに、国際的な視野という空間的な広がりに関わる意味合いも含まれている。中学校社会科は、小学校社会科とは異なり、分野別の構造になっている。社会的事象を多面的・多角的に考

●**中学校社会科　教科の目標**
社会科の見方・考え方を働かせ、課題を追究したり解決したりする活動を通して、<u>広い視野に立ち</u>、<u>グローバル化する国際社会に主体的に生きる平和で民主的な国家及び社会の形成者</u>に必要な<u>公民としての資質・能力の基礎</u>を次の通り育成することを目指す。

①広い視野に立ち

・多面的・多角的に事象を捉え、考察することに関わる意味
・国際的な視野という空間的な広がりに関わる意味
小学校社会科から中学校社会科へと接続していく過程で、中学校社会科は分野別の構造になっており、社会的事象を多面的・多角的に考察することや複数の立場や意見を踏まえて構想(選択・判断)することなどが求められている。
また、学習対象も小学校以上に世界へと広がりを見せる。こうした点を踏まえて、中学校社会科においては、その特質である各分野ならではの視野、国内外の社会的事象等を取り扱う地球的な視野をもつことが期待されている。

②公民としての資質・能力の基礎

グローバル化する国際社会に主体的に生きる平和で民主的な国家及び社会の形成者に必要とされる公民としての資質・能力の基礎を次の通り育成することを目指すの部分は、
目標の(1)から(3)までに示された資質・能力の3つの柱のそれぞれを育成することが、「グローバル」化する国際社会に主体的に生きる平和で民主的な国家及び社会の形成者」
に必要とされる「公民としての資質・能力の基礎」の育成につながることを示している。

「公民としての資質・基礎」とは、小・中学校社会科の目標に一貫した表現であり、社会科の究極のねらいを示している。

図2　中学校社会科の目標

察することや複数の立場、意見を踏まえて構想（選択・判断）することなどがここでは求められている。また、学習対象も小学校以上に世界へと広がりを見せている。こうした点を踏まえて、中学校社会科においては、その特質である各分野ならではの視野、国内外の社会的事象等を取り扱う地球的な視野をもつことが期待されている。これが「広い視野に立ち」の意味である。

「公民としての資質・能力の基礎」とは、「グローバル化する国際社会に主体的に生きる平和で民主的な国家及び社会の形成者」に必要な資質・能力を意味している。この部分は、目標の（1）から（3）までに示された資質・能力の3つの柱のそれぞれ育成することが、「グローバル化する国際社会の主体的に生きる平和で民主的な国家及び社会の形成者」に必要とされる「公民としての資質・能力の基礎」の育成につながることを示している。なお、「公民としての資質・能力の基礎」という表現は、小・中学校社会科の目標に一貫した表現になっている。つまり、社会科の究極のねらいを示しているものということがいえる。

中学校社会科の「資質・能力の3つの柱」を確認していく。「資質・能力の3つの柱」の1点目は、「（1）我が国の国土と歴史、現代の政治、経済、国際関係等に関して理解するとともに、調査や諸資料から様々な情報を効果的に調べまとめる技能を身に付けるようにする」である。これが中学校社会科で身につける「知識及び技能」となる。「知識及び技能」は、①「知識・理解」と②「技能」に分けることができる（図3）。

「知識」の部分は、中学校社会科で扱う学習対象を示し、「理解」の部分は、単に知識を身に付けることではなく、基礎的・基本的な知識を確実に習得しながら、既得の知識と関連付けたり組み合わせたりしていくことによって、学習内容の深い理解と、個別の知識の定着を図

●中学校社会科　３つの柱

(1)我が国の国土と歴史、現代の政治、経済、国際関係等に関して理解するとともに、調査や諸資料から様々な情報を効果的に調べまとめる技能を身に付けるようにする。【知識及び技能】

① 知識・理解	② 技能
中学校社会科で扱う学習対象を示し、それらに関して理解するとは、単に知識を身に付けることではなく、基礎的・基本的な知識を確実に習得しながら、既得の知識と関連付けたり組み合わせたりしていくことにより、学習内容の深い理解と、個別の知識の定着を図るとともに、社会における様々な場面で活用できる、概念などに関する知識として獲得していくことをも示している。	・調査活動や諸資料の活用など手段を考えて課題の解決に必要な社会的事象に関する情報を収集する技能 ・収集した情報を社会的な見方・考え方を働かせて読み取る技能 ・読み取った情報を課題解決に向けてまとめる技能

図3　中学校社会科で習得する「知識・技能」

るとともに、社会における様々な場面で活用できる概念などに関する知識として獲得していくことも示している。「技能」の部分では、調査活動（リサーチワーク）、諸資料の活用など手段を考えて課題の解決に必要な社会的事象に関する情報を収集する技能、収集した情報を社会的な見方・考え方を働かせて読み取る技能、読み取った情報を課題解決に向けてまとめる技能などが期待されている。

　「資質・能力の３つの柱」の２点目は、「(2)社会的事象の意味や意義、特色や相互の関連を多面的・多角的に考察したり、社会に見られる課題の解決に向けて選択・判断したりする力、思考・判断したことを説明したり、それらを基に議論したりする力を養う。」である。これが中学校社会科で身につける「思考力、判断力、表現力」である。「思考力」、「判断力」、「表現力」と３つの構成要素に分けて概説する(図４)。

　「思考力」の部分は、「多面的・多角的に考察」することを意味している。「多面的」とは、この社会的事象自体が様々な側面をもつことであり、「多角的」とは、社会的事象を様々な角度から捉えることで

●中学校社会科　3つの柱

(2)社会的事象の意味や意義、特色や相互の関連を多面的・多角的に考察したり、社会にみられる課題の解決に向けて選択・判断したりする力、思考・判断したことを説明したり、それらを基に議論したりする力を養う。【思考力、判断力、表現力等】

①思考力
「多面的・多角的に考察」

・社会的事象自体が様々な側面をもつという意味においての「多面性」
・社会的事象を様々な角度から捉えるという意味においての「多角性」

②判断力
「選択・判断・構想」

現実社会において生徒を取り巻く多種多様な課題に対して、
・「それをどのように捉えるのか」
・「それとどのように関わるのか」
・「それにどのように働きかけるのか」
といったことを問う中で、それらの課題の解決に向けて自分の意見や考えをまとめることのできる力を意味している。

③表現力

思考・判断したことを説明したり、それらを基に議論したりする力は、考察、構想（選択・判断）したことを、資料等を適切に用いて論理的に示したり、その示されたことを根拠に自分の意見や考え方を伝え合い、自分や他者の意見や考え方を発展させたり、合意形成に向かおうとしたりする力である

図4　中学校社会科で育成する「思考力、判断力、表現力等」

ある。「判断力」の部分は、「選択・判断・構想」にかかわる力である。現実社会において生徒を取り巻く多種多様な課題に対して、「それをどのように捉えるのか」「それとどのように関わっていくのか」「それにどのように働きかけるのか」ということを問う中で、それらの課題の解決に向けて自分の意見や考えをまとめることができる力を意味している。「表現力」の部分は、思考・判断したことを説明したり、それらを基に議論したりする力は、考察、構想（選択・判断）したことを、資料等を適切に用いて論理的に示したり、そのことを根拠に自分の意見や考え方を伝え合い、自分や他者の意見や考え方を発展させたり、合意形成に向かおうとしたりする力を指している。

●中学校社会科　3つの柱

(3)社会的事象について、よりよい社会の実現を視野に課題を主体的に解決しようとする態度を養うとともに、多面的・多角的な考察や深い理解を通して涵養される我が国の国土や歴史に対する愛情、国民主権を担う公民として、自国を愛し、その平和と繁栄を図ることや、他国や他国の文化を尊重することの大切さについての自覚などを深める。【学びに向かう力、人間性等】

①社会的事象について、よりよい社会の実現を視野に課題を主体的に解決しようとする態度	②我が国の国土や歴史に対する愛情、国民主権を担う公民として、自国を愛し、その平和と繁栄を図ることや、他国や他国の文化を尊重することの大切さについての自覚
・社会的事象について主体的に調べ分かろうとして学習上の課題を意欲的に解決しようとする態度 ・よりよい社会の実現に向けて、多面的・多角的に考察、構想(選択・判断)したことを社会生活に生かそうとする態度	いずれも我が国の国土と歴史、現代の政治、経済、国際関係等についての多面的・多角的な考察や深い理解を通して涵養されるものであり、既述の資質・能力を含む3つの柱に沿った資質・能力の全てが相互に結び付き、養われることが期待される。

図5　中学校社会科で涵養する「学びに向かう力、人間性等」

　「資質・能力の3つの柱」の3点目は、「(3)社会的事象について、よりよい社会の実現を視野に課題を主体的に解決しようとする態度を養うとともに、多面的・多角的な考察や深い理解を通して涵養される我が国の国土や歴史に対する愛情、国民主権を担う公民として、自国を愛し、その平和と繁栄を図ることや、他国や他国の文化を尊重することの大切さについての自覚などを深める」である。これが中学校社会科で涵養すべき「学びに向かう力、人間性等」である(図5)。

　「社会的事象について、よりよい社会の実現を視野に課題を主体的に解決しようとする態度」とは、社会的事象について主体的に調べ分かろうとして学習上の課題を意欲的に解決しようとする態度である。さらに、よりよい社会の実現に向けて、多面的・多角的に考察、構想

(選択・判断)したことを社会生活に生かそうとする態度を指している。「我が国の国土や歴史に対する愛情、国民主権を担う公民として、自国を愛し、その平和と繁栄を図ることや、他国や他国の文化を尊重することの大切さについての自覚」とは、いずれも我が国の国土と歴史、現代の政治、経済、国際関係等についての多面的・多角的な考察や深い理解を通して涵養されるものであり、既述の資質・能力を含む3つの柱に沿った資質・能力の全てが相互に結び付き、こうした自覚が養われることが期待されている。

　中学校社会科において育成すべき「資質・能力の3つの柱」を整理したものが、図6である。

●中学校社会科において育成すべき資質・能力の3つの柱

知識及び技能	知識	社会的事象等に関する知識 ◇主として用語・語句などを含めた個別の事実等に関わる知識 ◇主として社会的事象の特色や意味、理論等を含めた、凡用的に使うことのできる概念等に関わる知識
	技能	知識及び技能社会的事象等について調べまとめる技能 ◇課題解決に必要な社会的事象に関する情報を集める技能 ◇集めた情報を「社会的な見方・考え方」に沿って読み取る技能 ◇読み取った情報を課題解決に沿ってまとめる技能 ＊技能は、繰り返し使って習熟を目指す
思考力 判断力 表現力等	思考力	社会的事象等の意味や意義、特色や相互の関連を多面的・多角的に考察する力
	判断力	社会に見られる課題を把握して、その解決に向けて、構想(選択・判断)する力
	表現力	考察したことや構想(選択・判断)したことを説明する力 考察したことや構想(選択・判断)したことを基に議論する力
学びに向かう力、人間性等		主体的に学習に取り組む態度 多面的・多角的な思考や理解を通して涵養される自覚や愛情等

図6　中学校社会科において育成すべき資質・能力の3つの柱

第2節　中学校社会科各分野の目標および内容

1）地理的分野の目標および内容

　前節で検討した社会科の教科全体の目標に続いて、学習指導要領では、〔地理的分野〕〔歴史的分野〕〔公民的分野〕の各分野にそれぞれ「1　目標」「2　内容」「3　内容の取扱い」が記述されている。その点は旧版と現行版は同じである。

　本項では、〔地理的分野〕の目標および内容について検討していく。

①地理的分野の目標

　先ず〔地理的分野〕の「目標」について、旧版と現行版の比較表を示す。

旧版	現行版
（冒頭文　なし） （1）日本や世界の地理的事象に対する関心を高め、広い視野に立って我が国の国土及び世界の諸地域の地域的特色を考察し理解させ、<u>地理的な見方や考え方</u>の基礎を培い、我が国の国土及び世界の諸地域に関する<u>地理的認識を養う</u>。 （2）日本や世界の地域の諸事象を位置や空間的な広がりとのかかわりでとらえ、それを地域の規模に応じて環境条件や人間の営みなどと関連付けて考察し、地域的特色や地域の<u>課題をとらえさせる</u>。 （3）大小様々な地域から成り立っている日本や世界の諸地域を比較し関連付けて考察し、それらの地域は相互に関係し合っていることや各地域の特色には地方的特殊性と一般的共通性があること、また、それらは諸条件の変化などに伴って変容していることを<u>理</u>	<u>社会的事象の地理的な見方・考え方を働かせ</u>、課題を追究したり解決したりする活動を通して、広い視野に立ち、グローバル化する国際社会に主体的に生きる平和で民主的な国家及び社会の形成者に必要な公民としての資質・能力の基礎を次のとおり育成することを目指す。 （1）我が国の国土及び世界の諸地域に関して、地域の諸事象や地域的特色を理解するとともに、<u>調査や諸資料から地理に関する様々な情報を効果的に調べまとめる技能を身に付ける</u>ようにする。 （2）地理に関わる事象の意味や意義、特色や相互の関連を、<u>位置や分布、場所、人間と自然環境との相互依存関係、空間的相互依存作用、地域</u>などに着目して、多面的・多角的に考察したり、地理的な課題の解決に向けて公正に選択・判断したりする力、思考・判断したことを説明したり、それらを基に議論したりする力を養う。 （3）日本や世界の地域に関わる諸事象につ

解させる。 （4）地域調査など具体的な活動を通して地理的事象に対する関心を高め、様々な資料を適切に選択、活用して地理的事象を多面的・多角的に考察し公正に判断するとともに適切に表現する能力や態度を育てる。	いて、よりよい社会の実現を視野にそこで見られる課題を主体的に追究、解決しようとする態度を養うとともに、多面的・多角的な考察や深い理解を通して涵養される我が国の国土に対する愛情、世界の諸地域の多様な生活文化を尊重しようとすることの大切さについての自覚などを深める。

　目標構成に関して旧版と現行版の違いも、旧版は（1）〜（4）の箇条書きでまとめられているのに対し、現行版は、冒頭文および「3つの柱」を踏まえた（1）〜（3）の箇条書きでまとめられ、前節で検討した教科全体の目標構成をそのまま踏襲している。

　先ず、冒頭文に見られる、「社会的事象の地理的な見方・考え方」であるが、これは基本的には現行版の（1）に見られる「地理的な見方や考え方」を踏襲したものである。これは「見方」と「考え方」に分けて、以下のように簡潔に理解することができる。

●地理的な見方：地理的な諸事象を、空間的な配置、相互の位置関係、広がり、および規則性や傾向性などの観点から捉える（把捉）
●地理的な考え方：そのような配置、広がり、規則・傾向などが、どのような背景や要因によって生ずるのか、という観点から捉える（考察）

　　　　　　　　（現行版解説：28-29より、筆者が要約・補足）

　つまり、冒頭文以下のとりわけ（1）（2）に見られるアクティヴな学習活動およびそれを促す指導のためには、この「社会的事象の地理的な見方・考え方」の涵養、すなわち、それら諸事象そのものについて、相互関係を含めて正しく精確に把捉し、その背景・原因等を多角的・多面的に考察するための観点や資質を養うこともまた必要不可欠である。

　次に、（1）の「調査や諸資料から地理に関する様々な情報を効果的

に調べまとめる技能を身に付けるようにする」であるが、これは「技能」としては以下の三つの要素から成る。

---

①情報を収集する技能：過度に高度・詳細・煩雑になりがちな現代の情報環境から適切な情報を、また必要に応じて生徒自身が実地で採取するものも含め、課題解決に対して妥当かつ適切な情報を収集する能力

②情報を読み取る技能：地図・統計・写真など様々な諸資料を相互に比較しつつ、そこから社会的事象の位置・空間的広がりを見出したり、その将来像を展望したりする能力

③情報をまとめる技能：①②の技能を踏まえ主題図等を作図するなど、自らの目的・課題に応じて必要・有用な情報を集約する能力

（現行版解説：30-31より、筆者が要約・補足）

　現行版においては、このような非常に能動的で主体的な活動・作業の中で活かされる地理的技能の育成が目指されている。とりわけ①情報を収集する技能と②情報を読み取る技能については、世界地図・日本地図や地球儀など様々な資料や教具を用い、言語的で理論的な理解と併せて、視覚的な理解も大いに促し、地域調査等の細かな手法の体得を促すことが望ましい。学校図書館や、公共施設等の地域資源も可能な限り積極的に有効活用すべきである。また、③情報をまとめる技能については、集約した情報からなる成果物をもって、生徒自身が発表やプレゼンテーションの場を持つことは、「表現力」を涵養することにも資する。

　さらに、（2）の「位置や分布、場所、人間と自然環境との相互依存関係、空間的相互依存作用、地域など」は、今回の改訂で新たに明示された地理的分野ならではの視点である。先に検討した冒頭文における「社会的事象の地理的な見方・考え方」を養い、深めていく上で重要かつ具体的な視点ともいえよう。各要素に分解して次表にまとめる。

①位置と分布：地理的な各事象の所在、諸事象の物理的位置の「ばらつき」への問い、またその原因（なぜ）や規則性等を問う視点
②場所：所定の地域の諸々の特色を問い、またそれら諸特色がその地域に独特なのか（地方的特殊性）や、ある一定の範囲・領域にわたって広く見られるのか（一般的共通性）を問う視点
③人間と自然環境との相互依存関係：人々の生活と周囲の自然環境との関わりや影響関係（積極面・消極面の双方）を問い、環境問題や環境保護について問うことにつなげる視点
④空間的相互依存作用：地球上に不均等に分布する人・資源・財・情報の、交通や通信による依存・協力・競合の相互的な関係性を問い、地域開発や地域間関係、およびその将来像を描くことにつなげる視点
⑤地域：①〜④の視点を駆使しつつ、一定の意味やまとまりをもった空間的範囲を地域として同定し、そこに存する地理的な課題を多面的・多角的かつ総合的に問い、あるべき将来像やそのためにとるべき行動等を構想する視点

（現行版解説：33-34より、筆者が要約・補足）

　いずれの視点も、主体的な課題設定と、互いの選択・判断について説明し合ったり、議論し合ったりする学習活動にとっては、不可欠なものとして、その育成が目指されている。

②地理的分野の内容

　〔地理的分野〕の「内容」についてみていく。

　先ず、現行版においては旧版に比して項目構成に大きな変更が見られるので下表で示す。

旧版	現行版
(1)世界の様々な地域 　ア　世界の地域構成　イ…　ウ… (2)日本の様々な地域 　ア　日本の地域構成　イ…　ウ…	A　世界と日本の地域構成 B　世界の様々な地域 C　日本の様々な地域

これは旧版の大項目（1）のア、そして（2）のアが、各々抽出され、統合されて現行版において最初の大項目 A を構成したものである。紙幅の都合からここでは内容そのものの検討はできないが、現行版の A へと統合されるにあったっては、「3つの柱」のうちの「知識・技能」、「思考力・判断力・表現力」の視点から、よりいっそうアクティヴな学習が想定された具体的な内容に記述が拡充されている。

　次に、現行版では、地域調査にかかわる内容構成の見直しが見られる点に着目する。旧版との比較において下表に該当箇所を示す。

旧版	現行版
(1)世界の様々な地域 　…… 　エ　世界の様々な地域の調査 　　世界の諸地域に暮らす人々の生活の様子を的確に把握できる地理的事象を取り上げ，様々な地域又は国の地域的特色をとらえる適切な主題を設けて追究し，世界の地理的認識を深めさせるとともに，世界の様々な地域又は国の調査を行う際の視点や方法を身に付けさせる。 (2)日本の様々な地域 　…… 　エ　身近な地域の調査 　　身近な地域における諸事象を取り上げ，観察や調査などの活動を行い，生徒が生活している土地に	C　日本の様々な地域 　(1)地域調査の手法 　　場所などに着目して，課題を追究したり解決したりする活動を通して，次の事項を身に付けることができるよう指導する。 　　ア　次のような知識及び技能を身に付けること。 　　(ｱ)　観察や野外調査，文献調査を行う際の視点や方法，地理的なまとめ方の基礎を理解すること。 　　(ｲ)　地形図や主題図の読図，目的や用途に適した地図の作成などの地理的な技能を身に付けること。 　　イ　次のような思考力，判断力，表現力等を身に付けること。

対する理解と関心を深めて地域の課題を見いだし、地域社会の形成に参画しその発展に努力しようとする態度を養うとともに、市町村規模の地域の調査を行う際の視点や方法、地理的なまとめ方や発表の方法の基礎を身に付けさせる。	（ア）地域調査において、対象となる場所の特徴などに着目して、適切な主題や調査、まとめとなるように、調査の手法やその結果を多面的・多角的に考察し、表現すること。

　地域調査に関する学習は、旧版では、大項目の（1）と（2）の双方、すなわち世界地理と日本地理に関する学習の双方において行われることとなっている。それに対し、現行版では大項目のC、すなわち日本地理に関する学習へと一元化されている。さらに、その冒頭（1）にあり、重要な位置づけが与えられていることがうかがわれる。この変更は、地域調査の指導を、日本の学習に一元化、すなわち子どもにとって物理的にはより身近な地理的範囲に特に限定することにより、より実際的かつリアリティをもった調査の技能や技法の体得をねらったものと考えられる。内容を見てみても、「観察や野外調査、文献調査」「地形図や主題図の読図、目的や用途に適した地図の作成などの地理的な技能」など、学習作業・方法が現行版に比してより具体的に示されていることからも子どもたちに身近な地域レベルでの調査が想定されていると言えるであろう。「目標」における、冒頭文「課題を追究したり解決したりする活動」、そして目標（1）の「諸資料」を用いた「調査」のにかかわる重要な変更である。

　その一方で、現行版の世界地理に関する学習内容には、旧版にはなかった重要な視点の明示、導入が見られる。それは「地球的課題」の視点の導入である。新版に見られる記述を次表に示す。

> B 世界の様々な地域
>
> （2）世界の諸地域
>
> 　次の①から⑥までの各州を取り上げ，空間的相互依存作用や地域などに着目して，主題を設けて課題を追究したり解決したりする活動を通して，以下のア及びイの事項を身に付けることができるよう指導する。
>
> 　　① アジア　　② ヨーロッパ　　③ アフリカ
>
> 　　④ 北アメリカ　　⑤ 南アメリカ　　⑥ オセアニア
>
> 　ア　次のような知識を身に付けること。
>
> 　　（ア）世界各地で顕在化している地球的課題は，それが見られる地域の地域的特色の影響を受けて，現れ方が異なることを理解すること。
>
> 　　（イ）①から⑥までの世界の各州に暮らす人々の生活を基に，各州の地域的特色を大観し理解すること。
>
> 　イ　次のような思考力，判断力，表現力等を身に付けること。
>
> 　　（ア）①から⑥までの世界の各州において，地域で見られる地球的課題の要因や影響を，州という地域の広がりや地域内の結び付きなどに着目して，それらの地域的特色と関連付けて多面的・多角的に考察し，表現すること。

　これは、グローバル化が引き続き進展し、地球環境問題等の地球的規模の諸問題が一層深刻化するなか、そのような諸問題に対する認識を深め、多面的・多角的に課題を捉え、国際社会の平和と発展に寄与することが重要であることを受けて、新たに現行版から導入された内容である。

2）歴史的分野の目標および内容

　本項では、〔歴史的分野〕の目標および内容について検討していく。

①歴史的分野の目標

　まず〔歴史的分野〕の「目標」について、旧版と現行版の比較表を示す。

旧版	現行版
（冒頭文　なし） （1）歴史的事象に対する関心を高め、我が国の歴史の大きな流れを、世界の歴史を背景に、各時代の特色を踏まえて理解させ、それを通して我が国の伝統と文化の特色を広い視野に立って考えさせるとともに、我が国の歴史に対する愛情を深め、<u>国民としての自覚を育てる。</u> （2）国家・社会及び文化の発展や人々の生活の向上に尽くした歴史上の人物と現在に伝わる文化遺産を、その時代や地域との関連において<u>理解させ、尊重する態度を育てる。</u> （3）歴史に見られる国際関係や文化交流のあらましを理解させ、我が国と諸外国の歴史や文化が相互に深くかかわっていることを考えさせるとともに、他民族の文化、生活などに関心をもたせ、<u>国際協調の精神を養う。</u> （4）身近な地域の歴史や具体的な事象の学習を通して歴史に対する興味・関心を高め、様々な資料を活用して歴史的事象を多面的・多角的に考察し公正に	<u>社会的事象の歴史的な見方・考え方を働かせ、</u>課題を追究したり解決したりする活動を通して、広い視野に立ち、グローバル化する国際社会に主体的に生きる平和で民主的な国家及び社会の形成者に必要な公民としての資質・能力の基礎を次のとおり育成することを目指す。 （1）我が国の歴史の大きな流れを、世界の歴史を背景に、各時代の特色を踏まえて理解するとともに、<u>諸資料から歴史に関する様々な情報を効果的に調べまとめる技能を身に付けるようにする。</u> （2）歴史に関わる事象の意味や意義、伝統と文化の特色などを、時期や年代、推移、比較、相互の関連や現在とのつながりなどに着目して<u>多面的・多角的に考察したり、歴史に見られる課題を把握し複数の立場や意見を踏まえて公正に選択・判断したりする力、思考・判断したことを説明したり、それらを基に議論したりする力を養う。</u> （3）歴史に関わる諸事象について、よりよい社会の実現を視野にそこで見られる課題を主体的に追究、解決しようとする態度を養うとともに、多面的・多角的な考察や深い理解を通して涵養される我が国の歴史に対する愛情、国民としての自覚、国家及び社会並びに文化の発展や人々の生活の向上に尽くした歴史上の人物と現在に伝わる文化遺産を尊重しようとするこ

| 判断するとともに適切に表現する能力と態度を育てる。 | との大切さについての自覚などを深め，国際協調の精神を養う。 |

　目標構成に関して旧版と現行版の違いは、〔地理的分野〕のそれと同様である。旧版は（1）～（4）の箇条書きでまとめられているのに対し、現行版は、冒頭文および「3つの柱」を踏まえた（1）～（3）の箇条書きでまとめられ、1節で検討した教科全体の目標構成をそのまま踏襲している。

　現行版は、1節で検討した教科全体の目標の方向性を引き継ぎ、いっそう具体的かつ動的な知識・技能・能力等の形成を目指していることが一瞥して見て取れる。以下、そのような現行版の方向性・特徴がとりわけ色濃く見られる文言・記述に絞り、検討していこう。

　先ず、冒頭文に見られる、「社会的事象の歴史的な見方・考え方」であるが、これは以下三つの要素から成る。

①時期、年代など時系列に関わる視点、展開、変化、継続など諸事象の推移に関わる視点
②類似、差異、特色など諸事象の比較に関わる視点
③背景、原因、結果、影響など事象相互のつながりに関わる視点

（現行版解説：79）

　過去の諸事象の展開・変化を時系列で捉え（①）その上、諸事象を相互に比較したり（②）、それらの因果関係など様々な結びつきを考察する（③）ことは、歴史的な様々な問いや課題を立てるための観点や切り口を提供するものである。すなわち、従来より「暗記科目（分野）」として揶揄されがちな歴史学習を脱して、「課題を追究したり解決したりする活動」、「主体的・対話的で深い学び」を実現するための基礎となるものである。

次に、（1）の「諸資料から歴史に関する様々な情報を効果的に調べまとめる技能を身に付けるようにする」であるが、これは「技能」としては以下の三つの要素から成る。

①情報を収集する技能：手段を考えて課題の解決に向けて必要な社会的事象に関する情報を収集する技能
②情報を読み取る技能：収集した情報を社会的事象の歴史的な見方・考え方を働かせて読み取る技能
③情報をまとめる技能：読み取った情報を課題の解決に向けてまとめる技能
（現行版解説：80）

　現行版においては、このような能動的で主体的な活動・作業の中で行かされる歴史的な技能の育成が目指されている。その際には、〔地理的分野〕同様、図表や年表などの様々な資料を用いるようにすべきである。また、必要に応じて、特別活動等との他の領域とも連携を図り、学校図書館や地域の公共施設等も利用し、歴史の史・資料等の地域資源を積極的に活用することも有効な方法であろう。
　以上の三つの技能を基礎に、（2）の「多面的・多角的に考察したり、歴史に見られる課題を把握し複数の立場や意見を踏まえて公正に選択・判断したりする力，思考・判断したことを説明したり，それらを基に議論したりする力」が養われることになる。とりわけ③情報をまとめる技能にかかわって、歴史的事象は、一面的ではなく、多角的・多面的な理解、様々なまとめ方、集約の仕方が可能であることなどへの理解を促すことが望ましい。すなわち、歴史的な事象というものは、それ自体で事実として過去に存在したというにとどまらず、他の事象との関係のなかで、様々な考察や評価や理解が可能であることを生徒が学ぶ必要があるということである。それらの学習の際には、ディスカッション、グループによる年表の作成など、生徒たちが相互に各々

の理解や考察の内容を共有したり、説明し会ったり、議論しあったりする機会の設定が有効な手段となろう。

　なお「思考・判断したことを説明したり，それらを基に議論したりする力」は、〔歴史的分野〕における「表現力」であるが、これは主として以下の二つの要素からなると考えられる。

①持論構想力：主旨が明確になるように内容構成を考え、歴史に関わる事象についての意味や意義について、自分の考えを論理的に説明する力
②対話力：他者の主張を踏まえたり取り入れたりして、歴史に関わる事象についての考えを再構成しながら議論する力
　　　　　　　　　　　　（現行版解説81より。一部筆者が補足）

　このような力の育成に際しても、やはり、ディスカッション、ディベート、プレゼンテーション、その他のグループワークなど、生徒同士の学び合いの機会を積極的に設定していくことが求められる。こと〔歴史的分野〕の指導においては、伝統的に暗記中心の学習に偏りがちであるので、留意したい点である。

②歴史的分野の内容

　〔歴史的分野〕の「内容」についてみていく。

　旧版と現行版では、大部分（下記の公民的資質・能力にかかわる内容を除いて）、取り扱われる時代や歴史的事象といった教材内容そのものに関しては共通している。しかしながら、新版においては、「目標」の枠組みを忠実に踏襲するかたちで、学習のプロセスが構造化されている点が、全体的に大きな変更であると言える。たとえば、現行版と新版で、同名の教材「古代までの日本」の部分を比較してみたい。

旧版	現行版
（2）古代までの日本 ア　世界の古代文明や宗教のおこり，日本列島における農耕の広まりと生活の変化や当時の人々の信仰，大和朝廷による統一と東アジアとのかかわりなどを通して，世界の各地で文明が築かれ，東アジアの文明の影響を受けながら我が国で国家が形成されていったことを理解させる。 イ　律令国家の確立に至るまでの過程，摂関政治などを通して，大陸の文物や制度を積極的に取り入れながら国家の仕組みが整えられ，その後，天皇や貴族の政治が展開したことを理解させる。 ウ　仏教の伝来とその影響，仮名文字の成立などを通して，国際的な要素をもった文化が栄え，後に文化の国風化が進んだことを理解させる。	（1）古代までの日本 <u>課題を追究したり解決したりする活動を通して，</u>次の事項を身に付けることができるよう指導する。 <u>ア　次のような知識を身に付けること。</u> （ア）世界の古代文明や宗教のおこり 世界の古代文明や宗教のおこりを基に，世界の各地で文明が築かれたことを理解すること。 （イ）日本列島における国家形成 日本列島における農耕の広まりと生活の変化や当時の人々の信仰，大和朝廷（大和政権）による統一の様子と東アジアとの関わりなどを基に，東アジアの文明の影響を受けながら我が国で国家が形成されていったことを理解すること。 （ウ）律令国家の形成 律令国家の確立に至るまでの過程，摂関政治などを基に，東アジアの文物や制度を積極的に取り入れながら国家の仕組みが整えられ，その後，天皇や貴族による政治が展開したことを理解すること。 （エ）古代の文化と東アジアとの関わり 仏教の伝来とその影響，仮名文字の成立などを基に，国際的な要素をもった文化が栄え，それらを基礎としながら文化の国風化が進んだことを理解すること。 <u>イ　次のような思考力，判断力，表現力等を身に付けること。</u> （ア）古代文明や宗教が起こった場所や環境，

	農耕の広まりや生産技術の発展，東アジアとの接触や交流と政治や文化の変化などに着目して，事象を相互に関連付けるなどして，アの(ア)から(エ)までについて古代の社会の変化の様子を多面的・多角的に考察し，表現すること。 (イ) 古代までの日本を大観して，時代の特色を多面的・多角的に考察し，表現すること。

　旧版のア～ウと、現行版のアの(ア)～(エ)を比較してみると、取り扱われる教材内容として、違いはほとんど見られない。しかし、現行版では、「課題を追究したり解決したりする活動を通して」(「目標」における冒頭文に対応)、まずアにて、旧版からの引き続きの教材内容に対する知識理解の学習が求められ(「目標」における(1)：「知識・技能」に対応)、続いてイではそこで学習した諸々の歴史的事象・知識をより広い視野に立って時代の流れや変化を多面的・多角的に大観・考察し、説明・表現できるように「まとめ」を行うことが求められている(「目標」における(2)：「思考力・判断力・表現力」に対応)。

　このような「目標」の枠組みを踏襲した学習の構造化は、全ての時代区分にわたって設定されており、それに伴い、全体の分量も旧版に比して増えている。

　とりわけ、イの「まとめ」学習の部分が大きな意義をもつ追加と言える。このように個々の時代における個別の歴史的事象同士を関係づけつつ横断的・広角的な理解・考察を行うことによって(現行版解説：18)、翻って個々の時代の歴史的・社会的な課題や問題が浮き彫りになり、そこから生徒自身が歴史的な観点でそこに課題や問題を見とることができるという効果が望める。こと知識理解のレベルにとどまりがちな歴史学習において、アクティヴ・ラーニングや「主体的・対話的で深い学び」を実現することをねらったものであると捉えられる。

次に、生徒の公民的資質・能力を備えた主権者育成という観点から、学習内容の充実が図られている点に触れたい（現行版解説：19）。

「内容の取扱い」より、該当箇所について、旧版と現行版を比較してみたい。

旧版	現行版
……「世界の古代文明」については, 中国の文明を中心に諸文明の特色を取り扱い, 生活技術の発達, 文字の使用, 国家のおこりと発展などの共通する特色に気付かせるようにすること。……	……「世界の古代文明」については, 人類の出現にも触れ, 中国の文明をはじめとして諸文明の特徴を取り扱い, 生活技術の発達, 文字の使用, 国家のおこりと発展などの共通する特徴に気付かせるようにすること。また, ギリシャ・ローマの文明について, 政治制度など民主政治の来歴の観点から取り扱うこと。……
……「市民革命」については欧米諸国における近代社会の成立という観点から, ……代表的な事例を取り上げるようにすること。……	……「市民革命」については, 政治体制の変化や人権思想の発達や広がり, 現代の政治とのつながりなどと関連付けて, アメリカの独立, フランス革命などを扱うこと。
……国民が苦難を乗り越えて新しい日本の建設に努力したことに気付かせるようにすること。「第二次世界大戦後の諸改革の特色」については, 新たな制度が生まれたことなどに着目して考えさせるようにすること。……	「我が国の民主化と再建の過程」については, 国民が苦難を乗り越えて新しい日本の建設に努力したことに気付かせるようにすること。その際, 男女普通選挙の確立, 日本国憲法の制定などを取り扱うこと。

現行版では、民主主義・民主政治、人権思想や立憲政治の意義などについて学習内容が、具体的な教材名とともに提示され、重視されて

いることが一瞥してわかる。

　既に確認したが、今改訂においては、社会科の全ての分野の「目標」において「グローバル化する国際社会に主体的に生きる平和で民主的な国家及び社会の形成者に必要な公民としての資質・能力」の基礎の育成がうたわれることとなった。ここでは、民主主義や人権の問題等、日本や国際社会における現代的諸問題を、〔歴史的分野〕ならではの観点から触れ、理解・考察することが意図されている。

　なお、〔公民的分野〕（加えて〔地理的分野〕）における指導内容との関連を十分に図り、横断的な指導を行うことで、より大きな学習効果が得られると考えられる。

3）公民的分野の目標と内容

　本項では、〔公民的分野〕の目標および内容について検討していく。

①公民的分野の目標

　まず〔公民的分野〕の「目標」について、旧版と現行版の比較表を示す。

旧版	現行版
（冒頭文　なし） （1）個人の尊厳と人権の尊重の意義，特に自由・権利と責任・義務の関係を広い視野から正しく認識させ，民主主義に関する理解を深めるとともに，国民主権を担う公民として必要な基礎的教養を培う。 （2）民主政治の意義，国民の生活の向上と経済活動とのかか	現代社会の見方・考え方を働かせ，課題を追究したり解決したりする活動を通して，広い視野に立ち，グローバル化する国際社会に主体的に生きる平和で民主的な国家及び社会の形成者に必要な公民としての資質・能力の基礎を次のとおり育成することを目指す。 （1）個人の尊厳と人権の尊重の意義，特に自由・権利と責任・義務との関係を広い視野から正しく認識し，民主主義，民主政

かわり及び現代の社会生活などについて，個人と社会とのかかわりを中心に理解を深め，現代社会についての見方や考え方の基礎を養うとともに，社会の諸問題に着目させ，自ら考えようとする態度を育てる。

（3）国際的な相互依存関係の深まりの中で，世界平和の実現と人類の福祉の増大のために，各国が相互に主権を尊重し，各国民が協力し合うことが重要であることを認識させるとともに，自国を愛し，その平和と繁栄を図ることが大切であることを自覚させる。

（4）現代の社会的事象に対する関心を高め，様々な資料を適切に収集，選択して多面的・多角的に考察し，事実を正確にとらえ，公正に判断するとともに適切に表現する能力と態度を育てる。

治の意義，国民の生活の向上と経済活動との関わり，現代の社会生活及び国際関係などについて，個人と社会との関わりを中心に理解を深めるとともに，<u>諸資料から現代の社会的事象に関する情報を効果的に調べまとめる技能を身に付けるようにする。</u>

（2）社会的事象の意味や意義，特色や相互の関連を現代の社会生活と関連付けて<u>多面的・多角的に考察したり，現代社会に見られる課題について公正に判断したりする力，思考・判断したことを説明したり，それらを基に議論したりする力を養う。</u>

（3）現代の社会的事象について，現代社会に見られる課題の解決を視野に主体的に社会に関わろうとする態度を養うとともに，多面的・多角的な考察や深い理解を通して涵養される，<u>国民主権を担う公民として，自国を愛し，その平和と繁栄を図ることや，各国が相互に主権を尊重し，各国民が協力し合うことの大切さについての自覚などを深める。</u>

　目標構成に関して現行版と新版の違いは，〔地理的分野〕〔歴史的分野〕のそれと同様である。旧版は（1）～（4）の箇条書きでまとめられているのに対し，現行版は、冒頭文および「3つの柱」を踏まえた（1）～（3）の箇条書きでまとめられ、1節で検討した教科全体の目標構成をそのまま踏襲している。

教科全体の目標の内容に関して、現行版に比して旧版が比較的静的な生徒の内面的素養の形成を目指していると捉えられる。この〔公民的分野〕の目標についても、旧版は、概ね同様の特徴をもつことがわかる。もっとも、（4）の諸資料を用いた「考察」「公正に判断」、「表現する能力」そして、（2）では「自ら考えようとする態度」と記述されるなど、〔地理的分野〕〔歴史的分野〕に比べ〔公民的分野〕は政治・経済などの現代的な問題の学習を主内容とするため、生徒の能動的・主体的な学習活動や資質育成への意図も少なくとも部分的には見て取れる。とはいえ、現行版と比較してみると、全体としてはやはりそのような意図は弱いと言わざるを得ない。現行版の〔公民的分野〕の目標は、〔地理的分野〕〔歴史的分野〕同様、1節で検討した教科全体の目標の方向性を引き継ぎ、いっそう具体的かつ動的な知識・技能・能力等の形成を目指していることが見て取れる。以下、そのような現行版の方向性・特徴がとりわけ色濃く見られる文言・記述に絞り、検討していこう。

　まず、冒頭文に見られる、「現代社会の見方・考え方」であるが、これは以下二つの要素から成る。

> ①考察・構想：現代社会の諸課題の解決に向けて考察、構想したりする際の視点として概念や理論などに着目して捉えること
> ②選択・判断：課題解決に向けた選択・判断に必要となる概念や理論などと関連付けて考えたりすること
>
> 　　　　　　　　　（現行版解説：119より筆者が一部補足）

　双方の要素に含まれる「理論・概念」は、個々の単元・教材における知識学習として指導が必要なものではある。しかし何よりも、この「現代社会の見方・考え方」において重要なのは、それが第一義的に、現代社会における様々な「課題」や「問題」の解決を志向しているこ

とである。それらの問題を本質的に「考察」し、様々な解決の方途を「構想」し、そして適切・妥当な解決策を「選択」「判断」していく、そのような資質・能力の育成をこそ主眼においていることである。これは分野の元々の指導内容に鑑みれば当然ともいえるが、既に検討した〔地理的分野〕の「社会的事象の地理的な見方・考え方」や〔歴史的分野〕の「社会的事象の歴史的な見方・考え方」に比して、いっそう色濃く今改訂の趣旨を反映しているといえる。

　ただ異なる角度から見れば、上記のような〔公民的分野〕の見方・考え方の基礎には、〔地理的分野〕および〔歴史的分野〕のそれがあり、ひいては、小学校社会科でのそれが前提になっているともいえる（現行版解説：119）。複雑な現代的諸課題の同定や考察には、様々な知識や視点が必要であることはいうまでもない。たとえば「北方領土」の問題は、紛れもなく現代の政治・経済の問題、現在進行形の課題であり、〔公民的分野〕においても取り上げられるべき教材・単元である。しかし、その内実の正確な理解のためには、自然的資源の分布や、領土、領海、排他的経済水域等の意義、範囲および位置関係など〔地理的分野〕における学習が前提となり、問題解決へ向けての分析・考察（ないしは相手国との対話）のためには、主として戦前・戦後の我が国とロシア（ソ連）との関係動向などの〔歴史的分野〕における学習を踏まえることが不可欠な前提となる。さらにその前提には、小学校社会科で涵養される、身近な（地域）社会に関する諸々の知識、人々の生活や幸福の基盤となる素朴な共同体感覚があるともいえる。「現代社会の見方・考え方」は、このように非常に広範な諸事項を含むものと考えなければならない。

　次に、（1）の「諸資料から現代の社会的事象に関する情報を効果的に調べまとめる技能を身に付けるようにする。」であるが、これは「技能」としては以下の三つの要素から成る。

①情報を収集する技能：手段を考えて課題の解決に向けて必要な社会的事象に関する情報を収集する技能
②情報を読み取る技能：収集した情報を現代社会の見方・考え方を働かせて読み取る技能
③情報をまとめる技能：読み取った情報を課題の解決に向けてまとめる技能

（現行版解説：121）

　〔歴史的分野〕と同様、このような能動的で主体的な活動・作業の中で活かされる技能の育成が目指されている。その際には、やはり図表などの様々な資料を用いること、さらに必要に応じて、特別活動等との他の領域とも連携を図り、学校図書館や地域の公共施設等も利用し、歴史の史・資料等の地域資源を積極的に活用することも有効な方法であろう。また、現在は、ICT技術の発達により、コンピュータを用いたインターネット通信による情報収集が可能となっている。とりわけ〔公民的分野〕は現代的な諸問題を扱う分野の学習を進めていくにあたって、それらは一方では、非常に有益かつ利便性の高い情報源となりうる。しかし、他方で、情報過多による不要な混乱を招きかねず、信頼性が疑わしく、あるいは、誤った情報も氾濫しているのが現状である。必要な情報を適切に収集する技能、正しく精確な情報とそうでないものを選別する技能(情報リテラシー)の育成にも注意を払うべきである。

　以上の三つの技能を基礎に、（2）の「多面的・多角的に考察したり，現代社会に見られる課題について公正に判断したりする力，思考・判断したことを説明したり，それらを基に議論したりする力」が養われることになる。前述したように、他の二分野との関連もあり、公民的分野で取り扱われる社会的諸事象は、非常に複雑な様相を呈し、多様な条件や要因によって成り立っている。まさに多面的・多角的な理解と考

察が必要となってくるが、現行版ではそのための様々な視点ないし概念が提示されているので指導の際には留意すべきでる。下表に示す。

A 私たちと現代社会
(1) 私たちが生きる現代社会と文化の特色
<u>位置</u>や<u>空間的な広がり</u>, <u>推移</u>や<u>変化</u>などに着目して, 課題を追究したり解決したりする活動を通して, 次の事項を身に付けることができるよう指導する。
B 私たちと経済
(1) 市場の働きと経済
<u>対立と合意</u>, <u>効率と公正</u>, <u>分業と交換</u>, <u>希少性</u>などに着目して, 課題を追究したり解決したりする活動を通して, 次の事項を身に付けることができるよう指導する。
C 私たちと政治
(1) 人間の尊重と日本国憲法の基本的原則
<u>対立と合意</u>, <u>効率と公正</u>, <u>個人の尊重と法の支配</u>, <u>民主主義</u>などに着目して, 課題を追究したり解決したりする活動を通して, 次の事項を身に付けることができるよう指導する。
D 私たちと国際社会の諸課題
(1) 世界平和と人類の福祉の増大
<u>対立と合意</u>, <u>効率と公正</u>, <u>協調</u>, <u>持続可能性</u>などに着目して, 課題を追究したり解決したりする活動を通して, 次の事項を身に付けることができるよう指導する。

　たとえば、「B 私たちと経済」「(1) 市場の働きと経済」において、「効率と公正」という対立概念に着目して学習を進める場合、財やサービスの流通を円滑なものにする市場経済システムについて、一方で、その効率性は我々の暮らしの便益に資するものであるが、他方で、不公正といえるような貧困ないし格差や不平等を生み出すという側面も否定できないことが見えてくる。その他、ここに提示されていない

ようなものを含め、様々な視点・概念も適宜用いることができる。そうすることによって、個々の教材・単元の内容について、多面的・多角的な理解・考察を促すことが可能となる。

　さらに、現行版の〔公民的分野〕では、「内容の取扱い」において、我が国と他国の間にあるいわゆる「領土問題」の具体的事例を取り扱うべきことが記述されている。それと関わって、他の二分野と異なり、ここでは(3)の「国民主権を担う公民として，自国を愛し，その平和と繁栄を図ることや，各国が相互に主権を尊重し，各国民が協力し合うことの大切さについての自覚などを深める。」にも留意をしておきたい。この点についての具体的な検討は、次号の後半部分に譲る。

②公民的分野の内容

　〔公民的分野〕の「内容」および「内容の取扱い」についてみていく。

　まず現行版の冒頭部分「A　(1)私たちが生きる現代社会と文化の特色」についてであるが、少子高齢化、情報化、グローバル化など基本的な内容事項は旧版の内容を引き継いでいる。しかし現行版の「内容の取扱い」では、とりわけ「情報化」において現代的な具体例を取り扱うべきことが新しく記述され、事例の例示もなされている。下表にて現行版と新版を比較する。

旧版	現行版
「現代社会における文化の意義や影響」については，科学，芸術，宗教などを取り上げ，社会生活とのかかわりなどについて学習できるように工夫すること。	「情報化」については，人工知能の急速な進化などによる産業や社会の構造的な変化などと関連付けたり，災害時における防災情報の発信・活用などの具体的事例を取り上げたりすること。アの(イ)の「現代社会における文化の意義と影響」については，科学，芸術，宗教などを取り上げ，社会生活との関わりなどについて学習できるように工夫すること。

ここでは人工知能の発展、防災情報の利活用が例示されているが、これらは極めて現代的なトピックである。人工知能の問題は、我が国の社会・経済のシステムを根本的に変革する可能性のある問題、様々な我々の暮らしや生き方に直接大きな影響を及ぼしうる問題であり、様々な功罪が考えられる。それは、一方では生活の利便性を急速に進展させる可能性がある。しかし他方では、今まで人間が担ってきた様々な仕事を「不要」にしてしまう可能性もある。これは単なる単純労働の機械化のレベルにとどまらず、高度な知性を必要とし従来までは人間にしか担うことができないとみなされてきたような様々な創造的な仕事までもコンピュータなどが遂行可能になる、ということも示唆される。したがって、雇用や労働の生活上の極めてリアルな問題にかかわってくる。「目標」の(1)に見られる人間や個人の「尊厳」等の問題へと掘り下げて取扱うことも可能な事例である。さらに、防災については、社会的ないっそう差し迫った問題・課題であるといえる。旧版からこの現行版が発表される間の2016年には熊本県で大きな規模の震災が起こった。また、現行版が刊行された直後の2017年7月、梅雨入りの九州を豪雨が遅い、大きな被害となっている。この間、偶然にも九州地方が不運に見舞われたが、この10年間で見てみると、2007年の新潟県中越沖地震、2011年の東日本大震災の例も挙げられる。地域を問わず、災害に関する正確な知識、情報収集の技能、そして災害時の適切な行動を可能とする技能、そしてその訓練など、喫緊の課題であるといえる。「目標」の「(1)諸資料から現代の社会的事象に関する情報を効果的に調べまとめる技能を身に付けるようにする。」との関連で言えば、防災に関する行政関連文書やマニュアルなどを用いて、災害やそれに備えるための知識・技能について具体的に指導することが重要であろう。

　また、現行版の「内容の取扱い」では、「D　私たちと国際社会の諸

課題」の「（1）世界平和と人類の福祉の増大」について、固有名詞を含み、領土問題に関する具体的な記述が新しく追加されている。現行版との比較表を示す。

旧版	現行版
「世界平和の実現」については，領土（領海，領空を含む），国家主権，主権の相互尊重，国際連合の働きなど基本的な事項を踏まえて理解させるように留意すること。	「領土（領海，領空を含む。），国家主権」については関連させて取り扱い，我が国が，固有の領土である竹島や北方領土に関し残されている問題の平和的な手段による解決に向けて努力していることや，尖閣諸島をめぐり解決すべき領有権の問題は存在していないことなどを取り上げること。「国際連合をはじめとする国際機構などの役割」については，国際連合における持続可能な開発のための取組についても触れること。

　ここに挙げられている諸問題とその取扱いは、「目標」の（1）～（3）全てに関わっている。そして、そして前号の最後に触れたが、とりわけ（3）「国民主権を担う公民として，自国を愛し，その平和と繁栄を図ることや，各国が相互に主権を尊重し，各国民が協力し合うことの大切さについての自覚などを深める。」に関わっている。まずは、適切な諸資料に基づき、歴史的事実や国際的なルール等の情報や知識について理解し、多面的・多角的な考察を通じて、公正な判断ができるようになる。そしてそれらを踏まえ、領土問題に関する我が国の主張の客観的な根拠や正当性について十分に理解し、我が国の主権の尊さへの認識や自国への愛情を深めることが必要となる。それと同時に、様々な問題の平和的解決に向けての我が国の努力などについて取り上げながら、自国のみならず、他の国々（上記問題の相手国も含む）の立場にも理解を示して寄り添い、等しく尊重しようとする態度を持つことの大切さについても考えさせるべきであろう。

引用・参考文献

小原友行『アクティブ・ラーニングを位置づけた中学校社会科の授業プラン』
　　明治図書、2016 年

藤井千春『問題解決学習のストラテジー（社会科教育全書)』明治図書、1996 年

文部科学省「中学校学習指導要領」2015 年 3 月一部改正（本文中「旧版」)

文部科学省「中学校学習指導要領」2017 年 3 月（本文中「現行版」)

文部科学省「中学校学習指導要領　解説　社会編」2017 年 6 月（本文中「現
　　行版解説」)

第2章 中学校における「社会的な見方・考え方」

第1節 「社会的事象の見方・考え方」を働かせる

　現行学習指導要領では、小学校社会科の各内容は、中学校で学ぶ内容との関連を考慮して、「地理的環境と人々の生活」、「歴史と人々の生活」、「現代社会の仕組みや働きと人々の生活」に区分されている。中学校社会科は、地理的分野、歴史的分野、公民的分野という3つの分野で学習が進められるが、高等学校の新設科目(公共)への接続を強く意識したものとなっている。今回の改訂(平成29年告示)により、小学校第3学年から高等学校までの全ての児童生徒が一貫して、社会科及び地理・歴史・公民に関わる全てを必ず学習するカリキュラム体制が復活した。現行学習指導要領のキーワードの1つとして、各教科における「見方・考え方」がある。社会科では「社会的な見方・考え方」となる。「社会的な見方・考え方」は、課題を追究したり解決したりする活動において、社会的事象などの意味や意義、特色や相互の関連を考察したり、社会に見られる課題を把握して、その解決に向けて構想したりする際の「視点や方法」である。図1は、小学校社会科、中学校社会科の各分野、高等学校地理歴史科、公民科における接続と一貫性を示したものである。

　小学校社会科においては、「社会的事象を、位置や空間的な広がり、時期や時間の経過、事象や人々の相互関係などに着目して捉え、比較・分類したり総合したり、地域の人々や国民の生活と関連付けたりすること」を「社会的事象の見方・考え方」として整理している。中学校社会科においては分野ごとに「見方・考え方」を整理している(図2)。

	地理歴史科	公民科	地理歴史科
高等学校	社会的事象等の地理的な見方や考え方 位置や空間的な広がりとの関わりに着目して社会的事象を見出し環境条件や他地域との結び付きなどを地域等の枠組みの中で人間の営みと関連付けて	現代社会の見方や考え方 現代社会を捉える概念的枠組みに着目して課題を見出しそれらの課題の解決に向けて多様な概念を関連付けて	社会的事象等の歴史的な見方や考え方 時期、推移や変化などに着目して社会的事象を見出し比較して相違や共通性などを明確にして諸事象とその背景などの関連性を留意して

	公民的分野	現代社会の見方や考え方 現代社会を捉える概念的枠組みに着目して課題を見出しそれらの課題の解決に向けて多様な概念を関連付けて	
中学校	地理的分野 社会的事象等の地理的な見方や考え方 位置や空間的な広がりとの関わりに着目して社会的事象を見出し環境条件や他地域との結び付きなどを地域等の枠組みの中で人間の営みと関連付けて		歴史的分野 社会的事象等の歴史的な見方や考え方 時期、推移や変化などに着目して社会的事象を見出し比較して相違や共通性などを明確にして諸事象とその背景などの関連性を留意して

	小学校	社会的事象等の見方や考え方
小学校（3～6年）		・位置や空間的な広がり ・時期や時間の経過 ・事象や人々の相互関係に着目して社会的事象を見出し ・事象を比較・分類したり総合したりして（特色） ・国民（人々の）生活と関連付けて

図1　社会的な見方・考え方（追究の視点と方法）[1]

●社会的事象の見方・考え方

社会的事象を

・位置や空間的な広がりに着目して捉え、地域の環境条件や地域間の結び付きなどの地域という枠組みの中で、人間の営みと関連付けること〔地理的分野〕
・時期、推移などに着目して捉え、類似や差異などを明確にし、事象同士を因果関係などで関連付けること〔歴史的分野〕
・政治、法、経済などに関わる多様な視点（概念や理論など）に着目して捉え、よりよい社会の構築に向けて、課題解決のための選択・判断に資する概念や理論などと関連付けること〔公民的分野〕

こうした見方・考え方を働かせて社会的事象の特色や意味などを考えたり社会への関わり方を選択・判断したりする。

図2　社会的事象の見方・考え方

地理的分野は、「地理的な見方・考え方」として、「社会的事象を、位置や空間的な広がりに着目して捉え、地域の環境条件や地域間の結び付きなどの地域という枠組みの中で、人間の営みと関連付けること」。歴史的分野は、「歴史的な見方・考え方」として、「社会的事象を、時期や推移などに着目して捉え、類似や差異などを明確にしたり、事象同士を因果関係などで関連付けたりすること」。公民的分野は、「現代社会における見方・考え方」として、「社会的事象を、政治、法、経済などに関わる多様な視点（概念や理論など）に着目して捉え、よりよい社会の構築に向けて、課題解決のための選択・判断に資する概念や理論などと関連付けること」と整理している。

　「社会的な見方・考え方」とは、課題解決的な学習において考えたり、構想（選択・判断）したりする時の「視点や方法」のことである（図3）。この「社会的な見方・考え方」は、小・中学校社会科、高校地理歴史科、公民科の「見方・考え方」の総称である。中学校では、分野ごとに地理、歴史、公民と別れており、それぞれ「地理的な見方・

┌───┐
│ ●社会的な見方・考え方とは何か   │
│   │
│ ◎ 課題解決的な学習において、考察や構想（選択・判断）する際の │
│ 　「視点や方法（考え方）」のこと。   │
│ ○「社会的な見方・考え方」は小・中・高等学校の各「見方・考え方」の │
│ 　総称。中学校では、分野ごとに「地理的な見方・考え方」「歴史的な │
│ 　見方・考え方」「現代社会の見方・考え方」となる。   │
│ ┌───┐ │
│ │ 社会的事象を   │ │
│ │ 　◇位置や空間的な広がり   │ │
│ │ 　◇時期や時間の経過   ┌視点〔見方〕┐   │ │
│ │ 　◇事象や人々の相互関係に着目して捉え   │ │
│ │ 　　◆比較・分類したり、   │ │
│ │ 　　◆総合したり、   ┌方法〔考え方〕┐ │ │
│ │ 　　◆地域の人々や国民の生活と関連付けたりすること │ │
│ └───┘ │
└───┘

図3　社会的な見方・考え方とは何か

考え方」、「歴史的な見方・考え方」、「現代社会の見方・考え方」と表現している。これらは社会的な事象について、視点として（見方）、位置や空間的な広がり（地理）、時期や時間の経過（歴史）、事象や人々の相互関係に着目して捉え、方法（考え方）として、比較・分類したり、総合したり、地域の人々や国民の生活と関連付けたりするということである。

　図4は、課題解決的な学習の展開例を示している。学習過程について、順を追って確認していく。

　最初に、「課題把握」をする。このときに課題に対する動機付けを行って、学習課題を設定する。「なぜ？」「どうして？」など問いかけ、課題を提示するとともに動機付けを行う。さらに、方向付けを行う。予想したり仮説を立てたりする段階だ。「この問題（の原因）はこうではないか」ということである。

　次に、「課題追究」に進んでいく。まず、予想や仮説の検証に向けて、「情報収集」を行う。そして、社会的事象などの意味、特色や相互の関連を多角的・多面的に考察したり、思考したりする。さらに、社会に見られる課題を把握して解決に向けて学習したことを基にして、社会への関わり方を構想（選択・判断）する。この一連のプロセスが「思考・構想」である。続いて、「課題解決」においては、考察したことや構想したことを整理して、「まとめ」を行う。最後に、「新しい課題」として、自分が取り組んできた学習を振り返って考察し、新たな課題を見出したり、追究したりする。これら一連のプロセスが「課題解決的な学習」である。これは知識・概念・技能を習得して、それらを活用して思考・判断・表現しながら学習課題を解決する学習過程の授業づくりを行うことを意味する。

●課題を追究したり、解決する活動とは

課題解決的な学習の展開例

学習過程		具体例
課題把握	動機付け	学習課題（学習問題）を設定する。
	方向付け	予想や仮説を立てる。
課題追究	情報収集	予想や仮説の検証に向けて調べる。
	考察・構想	社会的事象等の意味、特色や相互の関連を多角的・多面的に考察（思考）する。
		社会に見られる課題を把握して、解決に向けて学習したことを基にして、社会への関わり方を構想（選択・判断）する。
課題解決	まとめ	考察したことや構想したことをまとめる。
新たな課題	ふり返り	学習を振り返って考察する。新たな課題を見いだしたり、追究したりする。

◇　知識・概念・技能を習得し、それらを活用して思考・判断・表現しながら学習課題を解決する学習過程の授業づくりを行う。
◇　そのためには、知識の構造化が必要である。

図4　課題解決的な学習の展開例[2]

　そのためには、知識の構造化が必要であると指摘されている。確かに、ただやみくもに知識を吸収しても、問題状況に直面した時にその知識を生かして問題解決を図ることができるかは、別次元の問題である。したがって、学習した知識を生かして課題を解決していく学習が、「課題解決的な学習」ということになる。

　「社会的な見方・考え方」は、社会科という教科ならではの学習の仕方、追究の仕方であり、方法的な側面に焦点を当てた方法概念であると捉えることができる。「社会的な見方・考え方」は育成されるべき資質・能力ではなく、授業改善の視点であるということを確認しておき

たい。図5は、「社会的な見方・考え方」について、「見方」と「考え方」とに分けて、整理したものである。「見方」と「考え方」は、それぞれ独立的に捉えられるものでありながら、一体として用いられ、相関的に働くものだと考えられる。比較や分類、総合などの「考え方」は、教科横断的であるということができるが、「見方」はその教科特有のものとなる。そして、その教科特有の「見方」があってはじめて、その教科ならではの「考え方」が働くという相関関係になっている。

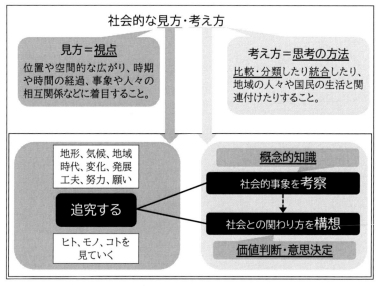

図5　社会的な見方・考え方について[3]

　図6は、中央教育審議会答申「幼稚園、小学校、中学校、高等学校及び特別支援学校の学習指導要領の改善及び必要な方策などについて」の別添資料3‐3の抜粋である。①社会的な見方・考え方を用いて、社会的事象等の意味や意義、特色や相互の関連を考察する力、②社会的な見方・考え方を用いて、社会に見られる課題を把握し、その解決

① 社会的な見方・考え方を用いて、社会的事象等の意味や意義、特色や相互の関連を考察する力		
社会的事象等の意味や意義、特色や相互の関連について、概念等を用いて多角的・多面的に考察できる		高
社会的事象等の意味や意義、特色や相互の関連を多角的・多面的に考察できる	中	
社会的事象等の意味、特色や相互の関連を多角的に考察できる	小	

② 社会的な見方・考え方を用いて、社会に見られる課題を把握し、その解決に向けて構想する力		
社会に見られる複雑な課題を把握して、身に付けた判断基準を根拠に解決に向けて構想できる		高
社会に見られる課題を把握して、解決に向けて学習したことを基に複数の立場や意見を踏まえて選択・判断できる	中	
社会に見られる課題を把握して、解決に向けて学習したことを基にして社会への関わり方を選択・判断できる	小	

図 6　社会的な見方・考え方を用いて「考察する力」、「構想する力」[4]

に向けて構想する力について、力点を置くポイントを学校種ごとに整理している。

①考察する力

　○ 小学校：社会的事象等の意味、特色や相互の関連を多角的に考察できる。

　○ 中学校：社会的事象等の意味や意義、特色や相互の関連を多角的・多面的に考察できる。

　○ 高校：社会的事象等の意味や意義、特色や相互の関連について、概念等を用いて多角的・多面的に考察できる。

②構想する力

　○ 小学校：社会に見られる課題を把握して、解決に向けて学習し

たことを基にして社会への関わり方を選択・判断できる。

○ 中学校：社会に見られる課題を把握して、解決に向けて学習したことを基に複数の立場や意見を踏まえて選択・判断できる。

○ 高校：社会に見られる複雑な課題を把握して、身に付けた判断基準を根拠に解決に向けて構想できる。

「社会的な見方・考え方」を「働かせる」とは、空間的な視点（地理）、時間的な視点（歴史）、関係的な視点（公民）で構成された「社会的な見方」に着目して「問い」を設け、比較や分類、関連付け等の思考を経る「社会的な考え方」（追究の方法）、社会的事象の様子や仕組みなどを捉えることである（図7）

図8は、追究の「視点」と「問い」を分野によって分けて整理したものである。歴史的分野を例にすると、「視点」としては、時期や時

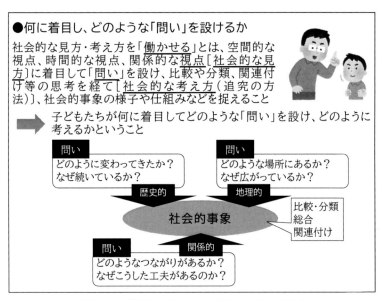

図7　何に着目し、どのように「問い」を設けるか[5]

間の経過の視点がある。考えられる「問い」の例として、「いつどのような理由ではじまったのだろうか？」「どのように変わってきたのか？」「なぜ変わらずに続いてるのだろうか？」などがある。

●追究の「視点」と「問い」	
「視点」	考えられる「問い」の例
地理的 位置や空間的な 広がりの「視点」	○どのように広がっているのだろう？ ○なぜ、この場所に集まっているのだろうか？ ○地域ごとの気候は、どのように違うのだろうか？　など
歴史的 時期や時間の 経過の「視点」	○いつ、どのような理由ではじまったのだろうか？ ○どのように変わってきたのだろうか？ ○なぜ変わらずに続いているのだろうか？　など
関係的 事象や人々の 相互関係の「視点」	○どのような工夫や努力があるのだろうか？ ○どのようなつながりがあるのだろうか？ ○なぜＡとＢの連携が必要なのだろうか？　など

図8　追究の「視点」と「問い」[6]

第2節　「歴史的分野の見方・考え方」を働かせた単元の構造化と焦点化

　「歴史的分野の見方・考え方」とは、「社会的事象を、時期、推移などに着目して捉え、類似や差違などを明確にし、事象同士を因果関係などで関連付けること」とし、考察、構想する際の「視点や方法（考え方）」である。

　「生徒たちが歴史の授業を受けて、自分とは関係のない昔話だと感じないようにするにはどうしたらいいのか」を考えて、単元の構成を練ることを単元の「構造化」と「焦点化」という（図9）。言い換えれば、単元のどの部分が重要かということを自分の中で明確にする作業が、単元の構造化と焦点化である。

●構造化と焦点化

構造化と焦点化とは、ある単元のどの部分が重要かを自分の中で明確にする作業のこと。

生徒たちが歴史の授業を受けて、自分とは関係のない昔話だと感じないようにするにはどうしたらいいんだろう？

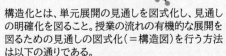

構造化

構造化とは、単元展開の見通しを図式化し、見通しの明確化を図ること。授業の流れの有機的な展開を図るための見通しの図式化（＝構造図）を行う方法は以下の通りである。

①学習指導要領では、「○○、○○などを通して、AがBであったことを理解させる」というように学習内容の構造化が図られている。

②「欧米における近代社会の成立とアジア諸国の動き」では次のように構造化されている。

③「アの事項の〈A 市民革命：アメリカ独立〉を基に、イの事項〈C 工業化の進展や政治や社会の変化〉に着目して〈D 近代社会の変化の様子を多面的・多角的〉に考察し表現することを行い、アの事項の〈B 欧米における近代社会の成立とアジア諸国の動き〉を理解する」

焦点化

焦点化とは、どの内容を中心にし、どのような指導を進めるかを考えること。そのために、単元の核となるような「中心教材」を据える必要がある。この範疇から漏れるものは扱わないということもあり得る。

中心教材の条件
・その時期の中核となる事柄を端的に表すもの
・問題提起ができ、しかも発展性に富んだもの
・生徒に把握しやすいもの

図9　単元の構造化と焦点化

　まず、構造化について説明する。構造化とは、単元展開の見通しを図式化し、見通しの明確化を図ることである。授業の流れの有機的な展開を図るための見通しの図式化の方法は次の通りである。

① 学習指導要領では、「○○、○○などを通して、AがBであったことを理解させる」というように学習内容の構造化が図られている。

② 「欧米における近代社会の成立とアジア諸国の動き」では次のように構造化されている。「アの事項の＜A 市民革命：アメリカ独立＞を基に、イの事項＜C 工業化の進展や政治や社会の変化＞に着目して＜D 近代社会の変化の様子を多面的・多角的＞

に考察し表現することを行い、アの事項の＜Ｂ欧米における近
　　代社会の成立とアジア諸国の動き＞を理解する」

　歴史と言っても、様々な歴史的事実があるが、授業において学習す
るものと、そうでないものがある。上記②では、「近代」という時代を
生徒に理解させるためにどのように構成にしたら分かり易いかとい
うことを考え、単元を構成することを構造化という。
　次に焦点化について説明する。焦点化とは、どの内容を中心にして、
どのような指導を進めるのかについて考えることである。そのために、
単元の核となる「中心教材」を据える必要がある。様々な歴史的事実
からどれを抽出し、生徒に教えるかということとも関係するが、中心
教材の条件は、その時期の中核となる事柄を端的に表現するものや、
問題提起ができて、しかも発展性に富んだもの、生徒に把握しやすい
ものである。
　図10は、「知識の構造」と評価方法の対応関係を示したものである。
図10は、上部から下部に進行すると、知識が具体的なものから抽象
的なものへと変化していることが分かる。上部左側に個別の固有名詞
など「知っておく価値がある」事実的な知識がある。そうした知識は、
グラフを読み取るなどの個別的スキルがあれば把握できる。図の中部
左側には、「重要な知識とスキル」として、政治、経済、文化などの
「転移可能な概念」があり、それらは複数の資料を関連づけるなどの
複雑なプロセスを経て獲得することができる。個別の知識を学習し、
それをどう概念化していくかということが問われている。最終的には、
原理と一般化により、永続的理解につなげていく。単元の焦点化にお
ける中心教材の話は、この事実的知識の何を教えるかの問題である。
図には焦点化された事象と明記したが、そのことを考えて欲しくて、
この図を取り上げた。評価方法についても簡潔に説明する。事実的知

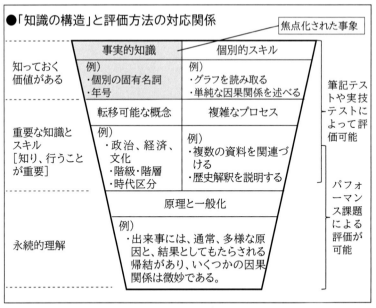

図10 「知識の構造」と評価方法の対応関係[7]

識を理解しているかの計測には、上部右側にあるように筆記テストや実技テストが用いられる。しかし、その覚えた事実的知識が実社会での課題解決のために活用できるかについての計測は、筆記テストなどでは計測できない。学んだ知識をどう課題解決に生かしているかについての評価は、中部から下部右側にかけてのパフォーマンス課題を与えて評価するという方法がある。レポート作成を課したり、作品を作らせたりすることを通して、生徒に身に付いている知識がどう生かされているのかということを評価することができる。

　図11は、『中学校学習指導要領解説　社会編』に記載されている歴史的分野の構造化図である。図の上部右側の教師のイラストに注目して欲しい。教師が歴史的分野の単元をどう構造化し、授業構成してい

るかのプロセスを確認する。

　教師の授業構成のプロセスは、上部から下部へと展開していく。我が国の歴史の大きな流れを生徒に理解させることを意識し、古代、中世、近世など時期区分の概念を用いながら、我が国の歴史の大きな流れを生徒に理解させていく。一方、図の下部左側には、生徒の学習のプロセスがあり、教師の授業プロセスとは反対に、下部から上部へと展開していく。授業では各時代における歴史的事象を学習し、最終的に我が国の歴史の大きな流れを理解することが想定されている。図11は、ス「近世の日本の特色を捉える」授業構成と授業展開が例示されている。

　現行学習指導要領では、「歴史的分野の見方・考え方」を働かせて、歴史について考察する力や説明する力の育成を重視している（図12）。

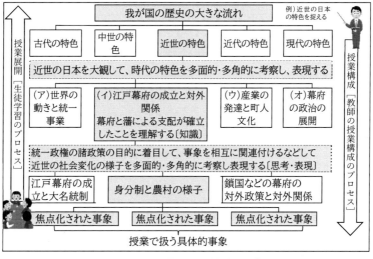

図11　歴史的分野の構造化図[8]

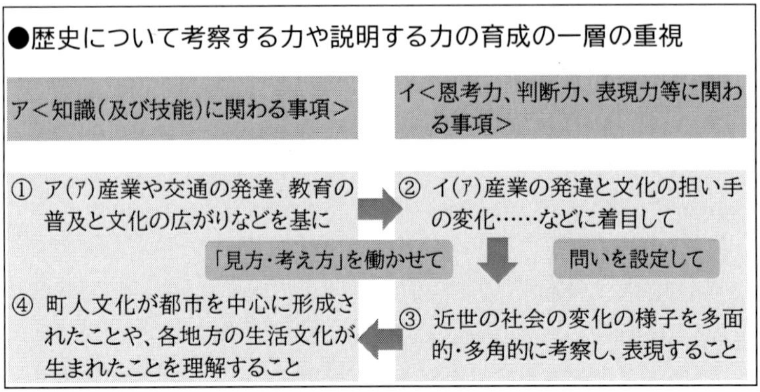

●歴史について考察する力や説明する力の育成の一層の重視

ア＜知識（及び技能）に関わる事項＞ | イ＜思考力、判断力、表現力等に関わる事項＞

① ア(ア)産業や交通の発達、教育の普及と文化の広がりなどを基に

「見方・考え方」を働かせて

② イ(ア)産業の発達と文化の担い手の変化……などに着目して

問いを設定して

④ 町人文化が都市を中心に形成されたことや、各地方の生活文化が生まれたことを理解すること

③ 近世の社会の変化の様子を多面的・多角的に考察し、表現すること

図 12　歴史について考察する力や説明する力の育成の一層の重視

第 3 節　「現代社会の見方・考え方」を働かせる

1)「現代社会の見方・考え方」とは何か

　現行学習指導要領では、中学校社会科公民的分野において働かせる「見方・考え方」について、「現代社会の見方・考え方」として整理された。「現代社会の見方・考え方」とは、「社会的事象を、政治、法、経済などに関わる多様な視点（概念や理論など）に着目して捉え、よりよい社会の構築に向けて、課題解決のための選択・判断に資する概念や理論などと関連付けること」とし、考察、構想する際の「視点や方法（考え方）」である（図 13）。

　公民的分野を授業する際、留意したいことは、授業で提示する課題について、どのような「問い」を立てて、生徒に考えさせていくかということである（図 14）。過去の社会科のイメージとして、教員が板書したものをノートテークし、それをひたすら覚える暗記ベースの授業を思い浮かべることも少なくないかもしれないが、現行学習指導要領において、「主体的・対話的で深い学び」として目指している授業は、

```
┌─────────────────────────────────────────────────────────┐
│  現代社会の見方・考え方                                   │
│                                                           │
│    社会、地理歴史、公民における思考力、判断力            │
│                                                           │
│ ［現代社会の見方・考え方］                                │
│              ・社会的事象を、政治、法、経済などに関わる多様な視点（概念 │
│ ┌──┐         や理論など）に着目して捉え、                 │
│ │追 方│      ・よりよい社会の構築に向けて、課題解決のための選択・判断に │
│ │求 法│        資する概念や理論などと関連づけること         │
│ │の の│                                                    │
│ └──┘                                                      │
│                ┌────────────────────────────────────────┐ │
│          考察  │社会的事象の意味や意義、特色や相互の関連を多面│ │
│                │的・多角的に考察する力                    │ │
│                └────────────────────────────────────────┘ │
│          構想  複数の立場や意見を踏まえて構想する力       │
└─────────────────────────────────────────────────────────┘
```

図 13　現代社会の見方・考え方

```
┌─────────────────────────────────────────────────────────┐
│  現代社会の見方・考え方                                   │
│                                                           │
│  考察や構想に向かう「問い」の例                           │
│                                                           │
│ ┌─────────────────────────────────────────────────────┐ │
│ │            考察に向かう「問い」の例                   │ │
│ └─────────────────────────────────────────────────────┘ │
│ ・なぜ市場経済という仕組みがあるのか、どのような機能があるのか │
│ ・民主的な社会生活を営むために、なぜ法に基づく政治が大切なのか │
│                                                           │
│ ┌─────────────────────────────────────────────────────┐ │
│ │            構想に向かう「問い」の例                   │ │
│ └─────────────────────────────────────────────────────┘ │
│ ・よりよい決定の仕方とはどのようなものか                 │
│ ・社会保障とその財源の確保の問題をどのように解決していったらよいか │
│ ・世界平和と人類の福祉の増大のためにどのようなことができるか │
└─────────────────────────────────────────────────────────┘
```

図 14　考察や構想に向かう「問い」の例

これまでの授業とは質的に異なるという自覚が必要である。

　図 15 は、「現代社会の見方・考え方」の基礎となる概念的な枠組みと大項目との関係について示している。大項目 A「私たちと現代社会」において、「現代社会の見方・考え方」の基礎になる枠組みである「対立と合意」、「効率と公正」について学習する。大項目 A において学習した概念的な枠組みに加えて、「B 私たちと経済」、「C 私たちと政治」、「D 私たちと国際社会の諸課題」の内容を構成する経済、政治、国際社会に関わる概念として、それぞれ「分業と交換、希少性」、「個人の尊重と法の支配、民主主義」、「協調、持続可能性」が示されている。

　「現代社会の見方・考え方」の基礎になる枠組みである「対立と合意」、「効率と公正」に関する語句の意味内容について、次のように整理されている。

　○「対立」：私たちは様々な集団に所属しているが、価値観や利害の違いから、問題や紛争が生じる場合があり、これを「対立」と捉えている。

　○「合意」：「対立」が生じた際、集団の中での緊張関係を緩和し、不安を取り除き、互いに利益を得られるよう何らかの決定を行い「合意」に至るよう努力していく。

　○「効率」：「より少ない資源を使って社会全体でより多くの成果を得る」という見方・考え方

　○「公正」：みんなが決定に参加したかといった「手続きの公正さ」や、ほかの人の権利を不当に侵害していないか、立場が変わっても受け入れられるかといった「機会の公正さ」「結果の公正さ」などの意味合いがある。

　「対立と合意」、「効率と公正」という枠組みを使って、現代社会で発生する様々な問題の解決に導いていくスキルを身につけていくこ

中学校社会科公民的分野「現代社会の見方・考え方」		
大項目	現代社会の見方・考え方の基礎となる枠組み	大項目に対応した「見方・考え方」
A 私たちと現代社会	対立と合意 効率と公正	
B 私たちと経済		分業と交換、希少性など
C 私たちと政治		個人の尊重と法の支配、民主主義など
D 私たちと国際社会の諸課題		協調、持続可能性など

「現代社会の見方・考え方」とは、「社会的事象を、政治、法、経済などに関わる多様な視点（概念や理論など）に着目して捉え、よりよい社会の構築に向けて、課題解決のための選択・判断に資する概念や理論などと関連付け」て考察、構想する際の「視点や方法（考え方）」だよ。

現代社会の見方・考え方の基礎となる枠組みとしての「対立と合意」「効率と公正」			
「対立」	「合意」	「効率」	「公正」
私たちは様々な集団に所属しているが、価値観や利害の違いから、問題や紛争が生じる場合があり、これを「対立」と捉えている。	「対立」が生じた際、集団の中での緊張関係を緩和し、不安を取り除き、互いに利益を得られるよう何らかの決定を行い「合意」に至るよう努力していく。	「より少ない資源を使って社会全体でより多くの成果を得る」という見方・考え方	みんなが決定に参加したかといった「手続きの公正さ」や、ほかの人の権利を不当に侵害していないか、立場が変わっても受け入れられるかといった「機会の公正さ」「結果の公正さ」などの意味合いがある

対立

▽

合意

図 15　現代社会の見方・考え方の基礎となる
枠組みとしての「対立と合意」、「効率と公正」

とが求められている。

2）公民的分野の学習内容

　図16の大項目A「私たちと現代社会」の中項目（1）「私たちが生きる現代社会と文化の特色」では、少子高齢化や情報化、グローバル化などの問題が列挙されている。「問い」の例として、「現代の日本社会にどのような特色が見られるか」、「伝統や文化は私の生活にどのような影響を与えているか」などが挙げられている。この中項目は、以

A「私たちと現代社会」のねらい

(1)私たちが生きる現代社会と文化の特色

考察	学習内容	以降学習を見通して学習内容を取り上げる	「問い」の例

学習内容	「問い」の例
・少子高齢化、情報化、グローバル化 ・少子高齢化、情報化、グローバル化などが現在と将来の政治、経済、国際関係に与える影響 ・現代社会における文化の意義や影響について理解 ・文化の継承と創造の意義 ・災害時における防災情報の発信・活用	・現代日本の社会にはどのような特色が見られるか ・SNSを利用した災害時の情報発信・活用 ・スーパーマーケットで売られている他国産の魚(エビ・サケ他) ・伝統や文化は私たちの生活にどのような影響を与えているか

「位置や空間的な広がり」「推移や変化」などに着目	地理・歴史との関連

図16　私たちが生きる現代社会と文化の特色

後の公民的分野の学習を見通して学習内容を取り上げているという特徴がある。また、「位置や空間的な広がり」「推移や変化」などに着目し、既習した地理的分野、歴史的分野と関連させて物事を考えることを誘発する内容になっている。

　図17の大項目Aの中項目(2)「現代社会を捉える枠組み」では、「対立と合意」、「効率と公正」について学習する。「問い」の例として、「よい決定の仕方とはどのようなものか」、「契約とはどういうものなのか」、「なぜきまりが作られるのか」などが挙げられている。「成年年齢の引き下げ」を視野に入れて、「社会生活における物事の決定の仕方、契約を通した個人と社会との関係、きまりの役割」が新設されて、「後に続く経済、政治などの学習への繋がりを意識させるような内容」になっている。

A 「私たちと現代社会」のねらい

(2)現代社会を捉える枠組み

考察	学習内容 以降の学習に通底する概念的な枠組みとして用いる	「問い」の例
	・対立と合意、効率と公正 ・個人の尊厳と両性の本質的平等、契約の重要性やそれを守ることの意義及び個人の責任 ・社会生活における物事の決定の仕方、契約を通した個人と社会との関係、きまりの役割	・よりよい決定の仕方とはどのようなものか ・契約とはどのようなものか ・なぜきまりが作られるのか ・私たちにとってきまりとは何だろうか

新設:「成年年齢の引下げ」を視野後に続く経済、政治などの学習へのつながり

・マンション自治会で出ている様々な要望の解決

「対立と合意」「効率と公正」などに着目

図17 現代社会を捉える枠組み

B 「私たちと経済」のねらい

(1)市場の働きと経済

考察	学習内容 「起業」「労働保護立法(仕事と生活との調和の観点)」が新たに明記	「問い」の例
	・経済活動の意義(身近な消費生活を中心に) ・市場経済の基本的な考え方 ・現代の生産や金融などの仕組みや働き ・勤労の権利と義務 　労働組合の意義及び労働基準法の精神 ・個人や企業の経済活動における役割と責任	・なぜ市場経済という仕組みがあるのか ・どのような機能があるのか ・なぜ金融は必要なのか ・個人や企業には経済活動においてどのような役割と責任があるのか

・企業の企画書と求人広告づくり
・社会に必要な財やサービスの考察

「対立と合意」「効率と公正」「分業と交換」「希少性」などに着目

図18 市場の働きと経済

図18の大項目B「私たちと経済」の中項目（1）「市場の働きと経済」は、経済全般について学習するが、「起業」や「労働保護立法（仕事と生活との調和の観点）」が新たな内容として追加された。「対立と合意」、「効率と公正」だけでなく「分業と交換」「希少性」などの概念に着目させて学習を進めていく。

　図19の大項目Bの中項目（2）「国民の生活と政府の役割」において、特に留意したいことは、学習内容を通じて、自分自身の将来や社会の在り方と関わらせながら考察や構想すること、よりよい社会を形成する主権者として考察・表現することである。

　図20の大項目C「私たちと政治」の中項目（1）「人間の尊重と日本国憲法の基本原則」は、基本的人権や法の意義について、小学校

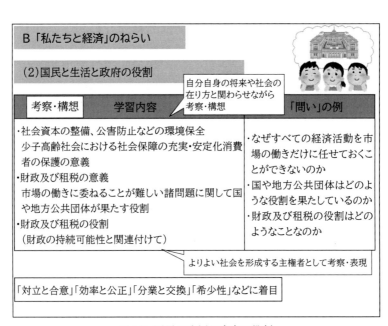

図19　国民の生活と政府の役割

社会科における「日本国憲法」に関する学習との関連を強く意識する内容になっている。この中項目では、「対立と合意」、「効率と公正」だけでなく「個人の尊重と法の支配」「民主主義」などの概念に着目させて学習を進めていく。

　図21の大項目Cの中項目（2）「民主政治と政治参加」は、民主主義に関する学習内容と関係して、「制度・仕組みの意義や働き」を考察・構想・理解するための「問い」が立っている。例えば、「議会制民主主義が取り入れられているのはなぜか」「民主主義をよりよく運営していくためにはどのようなことが必要か」などである。また、この中項目の学習内容には、小学校社会科との接続、専門家や関係諸機関との連携・協働が含まれている。

C「私たちと政治」のねらい	
(1)人間の尊重と日本国憲法の基本原則	
考察 　学習内容（小学校社会科における「日本国憲法」に関する学習との関連）	**「問い」の例**
・人間の尊重についての考え方（基本的人権を中心に） ・法の意義 ・民主的な社会生活を営むためには、法に基づく政治が大切であることを理解 ・日本国憲法が基本的人権の尊重、国民主権及び平和主義を基本的原則としていることについて理解 ・日本国及び日本国民統合の象徴としての天皇の地位と天皇の国事に関する行為	・人間の尊重とはどういうことか ・それはどのような方法で実現できるのか ・なぜ法に基づいて政治が行われることが大切なのか
「対立と合意」「効率と公正」「個人の尊重と法の支配」「民主主義」などに着目	

図20　人間の尊重と日本国憲法の基本原則

C 「私たちと政治」のねらい

（2）民主政治と政治参加

考察・構想	学習内容	「問い」の例
	・我が国の民主政治の仕組みのあらましや政党の役割 ・議会制民主主義の意義 　多数決の原理とその運用の在り方 ・法に基づく公正な裁判の保障 ・地方自治の基本的な考え方 ・民主主義の推進と、公正な世論の形成や選挙など国民の政治参加との関連	・議会制民主主義が取り入れられているのはなぜか ・民主主義をよりよく運営していくためにはどのようなことが必要か ・自治とは何か

「制度や仕組みの意義や働き」を考察・構想 理解させる

小学校社会科との接続
専門家や関係諸機関との連携・協働

「対立と合意」「効率と公正」「個人の尊重と法の支配」「民主主義」などに着目

図 21　民主政治と政治参加

　図 22 の大項目 D 「私たちの国際社会の課題」の中項目（1）「世界平和と人類の福祉の増進」では、地理的分野・歴史的分野における学習の成果を生かすことを意図している。それゆえ、学習内容についても国際機構の設立の趣旨、活動の目的を理解し、世界平和を確立するための熱意と協力の態度の育成を念頭に置いている。この中項目では、「対立と合意」、「効率と公正」だけでなく「協調」「持続可能性」などの概念に着目させて学習を進めていく。

　図 23 の大項目 D の中項目（2）「よりよい社会をめざして」は、私たちがよりよい社会を築いていくためにはどうしたらよいのかについて、持続可能な社会を形成するという観点から、課題を設けて探究し、自分の考えを説明、論述し、これから社会参画をしていくための手掛かりを得ることを主なねらいとしている。学習内容についても、中学校社会科のまとめとしての位置づけが与えられている。

D「私たちと国際社会の課題」のねらい

(1) 世界平和と人類の福祉の増進

> 地理的分野・歴史的分野における学習の成果を生かす

考察・構想　学習内容	「問い」の例
・世界平和の実現と人類の福祉の増大のためには、国際協調の観点から、国家間の相互の主権の尊重と協力、各国民の相互理解と協力及び国際連合をはじめとする国際機構などの役割が大切であること ・地球環境、資源・エネルギー、貧困などの課題の解決のために、経済的、技術的な協力などが大切であること ・日本国憲法の平和主義を基に、我が国の安全と防衛、国際貢献を含む国際社会における我が国の役割	・国際社会において国家が互いに尊重し協力し合うために大切なものは何か ・世界平和と人類の福祉の増大のために、世界の国々ではどのような協力が行われているのか ・我が国はどのような協力を行っているのか ・地球上にはどのような問題が存在し、その解決に向けて国際社会はどのような取組を行っているのか ・今後どのようなことができるか

> 国際機構の設立の趣旨、活動の目的を理解させる

「対立と合意」「効率と公正」「協調」「持続可能性」などに着目

> 世界平和を確立するための熱意と協力の態度の育成

図 22　世界平和と人類の福祉の増進

D「私たちと国際社会の課題」のねらい

(2) よりよい社会をめざして

考察・構想	学習内容
	・持続可能な社会を形成するという観点から「社会的な見方・考え方」を働かせる課題を設けて探究する活動 ── 社会科のまとめとしての位置づけ

[解説]

この中項目は、私たちがよりよい社会を築いていくためにはどうしたらよいのかについて、持続可能な社会を形成するという観点から、課題を設けて探究し、自分の考えを説明、論述し、これから社会参画をしていくための手掛かりを得ることを主なねらいとしている。

課題を設けて追究
自分の考えを説明・論述
社会参画していくための 手掛かりを得る

図 23　よりよい社会をめざして

引用・参考文献

澤井陽介・加藤寿朗編『見方・考え方 社会科編』東洋館出版社、2017 年 10 月

社会のタネ「『社会的な見方・考え方』について」ハテナブログ、2019 年 5 月 9 日（2022 年 11 月 30 日最終閲覧）https://yohhoi.hatenablog.com/entry/ 2019/04/29/184849

文部科学省ウェブページ　社会・地理歴史・公民ワーキンググループにおける 審議の取りまとめについて(報告) 2018 年 8 月 26 日（2022 年 11 月 30 日 最終閲覧）https://www.mext.go.jp/b_menu/shingi/chukyo/chukyo3/071/ sonota/1377052.htm

脚注

1 文部科学省ウェブページ　社会科、地理歴史科、公民科における「社会的な 見方・考え方」のイメージ資料 5（2022 年 11 月 30 日最終閲覧）https://w ww.mext.go.jp/component/b_menu/shingi/toushin/__icsFiles/afieldfile/20 16/09/12/1377052_02_1.pdf

2 文部科学省ウェブページ　社会科、地理歴史科、公民科の学習過程のイメー ジ資料 9（2022 年 11 月 30 日最終閲覧）https://www.mext.go.jp/compone nt/b_menu/shingi/toushin/__icsFiles/afieldfile/2016/09/12/1377052_02_1. pdf

3 前掲「『社会的な見方・考え方』について」参照。

4 文部科学省ウェブページ　社会科、地理歴史科、公民科における思考力、判 断力、表現力等の育成のイメージ資料 4（2022 年 11 月 30 日最終閲覧）htt ps://www.mext.go.jp/component/b_menu/shingi/toushin/__icsFiles/afieldf ile/2016/09/12/1377052_02_1.pdf

5 前掲「『社会的な見方・考え方』について」参照。

6 前掲『見方・考え方 社会科編』参照。

7 西岡加名恵編『教科と総合学習のカリキュラム設計―パフォーマンス評価を どう活かすか―』図書文化社、2016 年、52 頁参照。

8　文部科学省『中学校学習指導要領（平成 29 年告示）解説　社会編』東洋館
　　出版社、2018 年、89 頁参照。

第3章 社会科の学習指導と評価

第1節 中学校社会科学習指導の改善充実

　これまで学習指導要領は、学校種ごとに各教科の目標や大まかな教育内容について定めていたが、それをどのように教えるか／学ぶかについては明記しておらず、各学校や教員の創意工夫という形で教育現場に委ねていた。それが現行学習指導要領（平成29年告示）では、「主体的・対話的で深い学び」、いわゆるアクティブラーニングで授業することが明確化された（図1）。つまり、学習指導要領において、各教科等の教授・学習方法に関する縛りが入ってきたのである。

　しかし、小・中学校学習指導要領総則にあるように、すべての時間「主体的・対話的で深い学び」で行なうわけではない。必ずしも1単位時間の中ですべてが実現されるものではない。また、「形式的に対話を取り入れる」ことや「特定の指導の型」を指しているものではない。

　社会科において「主体的・対話的で深い学び」を実現するには、3つの視点で授業改善を進めていく必要がある。1点目は、「主体的な学び」の視点で、主体的に学習に取り組めるよう学習の見通しを立てたり、学習したことを振り返ったりして自身の学びや変容を自覚できる場面をどこに設定するのかということを意識して授業を進めていくことである。2点目は、「対話的な学び」の視点であり、対話によって自分の考えなどを広げたり深めたりする場面をどこに設定するかを意識することである。「対話」に似た語句に「議論」がある。議論の場合、自分の意見を変えたら負けであるが、対話の場合、対話をした後で自分の意見が変わっていなければ意味がない。対話とは、勝ち負けを決着するために行うものではなく、他者との間で合意形成し、納得

┌───┐
│ ●「主体的・対話的で深い学び」の実現 │
├───┤
│ 「主体的・対話的で深い学び」は、必ずしも 1 単位時間の中ですべてが実現さ │
│ れるものではない。また、「形式的に対話を取り入れる」ことや「特定の指導の │
│ 型」を指しているのでもない。 │
│ 社会科において、「主体的・対話的で深い学び」を実現するには、次の 3 つの │
│ 視点で授業改善を進めていく必要がある。 │
└───┘

視点 1 主体的な学び	主体的に学習に取り組めるよう学習の見通しを立てたり学習したことを振り返ったりして自身の学びや変容を自覚できる場面をどこに設定するかを意識する。
視点2 対話的な学び	対話によって自分の考えなどを広げたり深めたりする場面をどこに設定するかを意識する
視点3 深い学び	深い学びの実現のためには、「社会的な見方・考え方」を用いた考察、構想や、説明、議論等の学習活動が組み込まれた課題を追究したり解決したりする活動が不可欠。生徒が「社会的な見方・考え方」を働かせ、考える場面をどこに設定するかを意識する。

図 1 「主体的・対話的で深い学び」の実現

解を導くために行うものである。このことを意識した学びをどこに入れていくかということが問われている。3 点目は、「深い学び」の視点で、深い学びの実現のためには「社会的な見方・考え方」を用いた考察、構想や、説明、議論等の学習活動が組み込まれた課題を追究したり解決したりする活動が不可欠である。「社会的な見方・考え方」を働かせて、考える場面をどこに設定するか、単元のどこに設定するかを意識する必要がある。

　社会科は、身近な問題をどう解決していくかという問題解決学習を志向する教科である。それゆえ、課題解決的な学習が社会科の中心的な学びに位置づく。図 2 は、課題解決的な学習の展開例である。最初のプロセスとして、課題把握のために、動機付けを行って、学習課題を設定する。問いを立てるということだ。そして、方向づけして、予想や仮説を立てる。次に、課題追究のために、情報収集し、予想や仮

説の検証に向けて調べていく。そして、社会的事象などの意味、特色や相互の関連を多角的・多面的に考察（思考）し、社会に見られる課題を把握して、解決に向けて学習したことを基にして社会への関わり方を構想（選択・判断）する。考察したことや構想したことをまとめる。

　最後に、新しい課題、残された課題をふり返る。知識・概念・技能をきちんと身につけ、それらを活用して思考・判断・表現しながら学習課題を解決する。これが問題解決的な学習の過程である。

●課題を追究したり、解決する活動とは

課題解決的な学習の展開例

学習過程		具体例
課題把握	動機付け	学習課題(学習問題)を設定する。
	方向付け	予想や仮説を立てる。
課題追究	情報収集	予想や仮説の検証に向けて調べる。
	考察・構想	社会的事象等の意味、特色や相互の関連を多角的・多面的に考察(思考)する。
		社会に見られる課題を把握して、解決に向けて学習したことを基にして、社会への関わり方を構想(選択・判断)する。
課題解決	まとめ	考察したことや構想したことをまとめる。
新たな課題	ふり返り	学習を振り返って考察する。新たな課題を見いだしたり、追究したりする。

◇　知識・概念・技能を習得し、それらを活用して思考・判断・表現しながら学習課題を解決する学習過程の授業づくりを行う。

◇　そのためには、知識の構造化が必要である。

図 2　課題解決的な学習の展開例[1]

第2節　学習評価の改善

　各教科における評価の基本構造について概説する（図3）。

　現行学習指導要領（平成29年告示）では、学習評価の観点について、従前の4つの観点から3つの観点へと変更となった。各教科における評価は、学習指導要領に示される各教科の目標や内容に照らした学習状況を評価する目標に準拠した評価である。この目標準拠評価は、集団内での相対的な位置付けを評価する集団準拠した評価（≒相対評価）ではなく、換言すれば、絶対評価である。

　学習指導要領に示す目標や内容は、「知識及び技能」、「思考力、判断力、表現力等」、「学びに向かう力、人間性等」の資質・能力の3つの柱で構成されている。この資質・能力の3つの柱に対応した各観点で構成された観点別学習状況評価が作られている。それぞれ「知識・技能」、「思考・判断・表現」、「主体的に取り組む態度」となる。観点別評価では、観点ごとに評価し、生徒の学習状況を分析的に捉えていく。評価は、A、B、Cの3段階で評価する。これらの観点別学習状況の評価は総括され、最終的には5段階で評価していくが、これを「評定」という（小学校中・高学年では3段階、小学校低学年は行わない）。「学ぶに向かう力、人間性等」に関して、数値評価することが適切ではない「人間性」については、記述式の個人内評価を行っていく。とくに、特別の教科道徳の評価については、数値評価ではなく、認め励ます記述式の個人内評価で実施する。

　観点別学習状況の評価と評定について概説する（図4）。

　各教科における評価は、学習状況を分析的に捉える「観点別学習状況の評価」と、これらを総括的に捉える「評定」の両方について、学習指導要領に定める「目標に準拠した評価」として実施する。「目標に準拠した評価」（絶対評価）とは、あらかじめ定めた学習目標を達

●各教科における評価の基本構造

・各教科における評価は、学習指導要領に示す各教科の目標や内容に照らして学習状況を評価するもの（目標準拠評価）
・したがって、目標準拠評価は、集団内での相対的な位置付けを評価するいわゆる相対評価とは異なる。

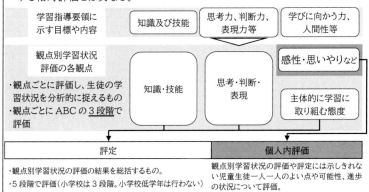

| | 学習指導要領に示す目標や内容 | 知識及び技能 | 思考力、判断力、表現力等 | 学びに向かう力、人間性等 |

観点別学習状況評価の各観点

・観点ごとに評価し、生徒の学習状況を分析的に捉えるもの
・観点ごとにABCの3段階で評価

| 知識・技能 | 思考・判断・表現 | 感性・思いやりなど |
| | | 主体的に学習に取り組む態度 |

| 評定 | 個人内評価 |

・観点別学習状況の評価の結果を総括するもの。
・5段階で評価（小学校は3段階。小学校低学年は行わない）

観点別学習状況の評価や評定には示しきれない児童生徒一人一人のよい点や可能性、進歩の状況について評価。

図3　各教科における評価の基本構造[2]

●観点別学習状況の評価と評定

・目標に準拠した評価〔絶対評価〕は、あらかじめ定めた学習目標を達成できたかどうか、どの程度達成できたかどうかを表す評価法である。
・集団に準拠した評価〔相対評価〕は、集団内でどの位置にいるかを伝えることを目的とした評価である。

・学習状況を分析的に捉える「観点別学習状況の評価」と、これらを総括的に捉える「評定」の両方について、学習指導要領に定める目標に準拠した評価として実施する。観点別学習状況の評価では、設定した評価規準のそれぞれについてどの程度実現できているかをABCの3段階で評価する。

・この際、ABC全てについて評価基準を作成した上で評価を行うのではなく、評価基準に表されたもの「おおむね満足できる」状況（B）として捉え、それを踏まえてAとCを判断するというのが観点別学習状況の評価の基本的な考え方であることに留意する。

評価観点によって示された子どもにつけたい力を、より具体的な子どもの成長の姿として文章表記したもの

評価基準	評価
「十分満足できる」状況と判断されるもの	A
「おおむね満足できる」状況と判断されるもの	B
「努力を要する」状況と判断されるもの	C

・観点別学習状況の評価や評定には示しきれない児童生徒一人一人のよい点や可能性、進歩の状況については、「個人内評価」として実施する。

図4　観点別学習状況の評価と評定[3]

成できたかどうか、どの程度達成できたかどうかを表す評価方法である。目標準拠評価とは異なり、集団内でどの位置にいるかを伝えることを目的とした評価に、「集団に準拠した評価」（相対評価）がある。

　観点別学習状況の評価は、A、B、C の 3 段階で評価する。この際、A、B、C 全てについての評価基準を作成した上で評価を行うではなく、評価基準に表されたものを「おおむね満足できる」状況（B）として捉え、それを踏まえて A と C を判断するというのが観点別学習状況の評価の基本的な考え方である。A 評価は「十分満足できる」状況と判断されるもの、B 評価は「おおむね満足できる」状況と判断されるもの、C 評価は「努力を要する」状況と判断されるものである。観点別学習状況の評価や評定には示しきれないような生徒一人一人のよい点や可能性、進歩の状況については、記述式の「個人内評価」として実施する。

　観点別学習状況評価における各観点の評価の要点と工夫について概説する（図 5）。

　「知識・技能」の観点では、個別の知識及び技能の習得状況について評価する。それらを既有の知識及び技能と関連付けたり活用して行く中で、概念等として理解したり、技能を習得したりしているかどうかについて評価する。

　評価の工夫（例）は、次のものがある。

○ペーパーテストにおいて、事実的な知識の習得を問う問題と、知識の概念的な理解を問う問題とのバランスに配慮する。

○実際に知識や技能を用いる場面を設ける。
　・児童生徒に文章により説明をさせる。
　・（各教科等の内容の特質に応じて、）観察・実験をさせたり、式やグラフで表現させたりする。

●「知識・技能」の評価	●「思考・判断・表現」の評価
○個別の知識及び技能の習得状況について評価する。 ○それらを既有の知識及び技能と関連付けたり活用したりする中で概念等として理解したり、技能を習得したりしているかについて評価する。 ＊上記の考え方は、現行の評価の観点である ・「知識・理解」(各教科等において習得すべき知識や重要な概念等を理解しているかを評価) ・「技能(各教科等において習得すべき技能を児童生徒が身に付けているかを評価)においても重視 <評価の工夫(例)> ○ペーパーテストにおいて、事実的な知識の習得を問う問題と、知識の概念的な理解を問う問題とのバランスに配慮する。 ○実際に知識や技能を用いる場面を設ける。 ・児童生徒に文章により説明をさせる。 ・(各教科等の内容の特質に応じて、)観察・実験をさせたり、式やグラフで表現させたりする。	各教科等の知識及び技能を活用して課題を解決する等のために必要な思考力、判断力、表現力等を身に付けているかどうかを評価する。 <評価の工夫(例)> ○論述やレポートの作成、発表、グループでの話合い、作品の制作や表現等の多様な活動を取り入れる。 ○ポートフォリオを活用する。 ポートフォリオとは学習したことを個別にファイリングしたものを指す。学びの証拠となる資料に基づいて評価し、自らの学習活動をふり返ることを目的としているものが、ポートフォリオ評価である。 

図5 「知識・技能」、「思考・判断・表現」の評価[4]

　「思考・判断・表現」の観点では、各教科等の知識や技能を活用して課題を解決するために必要な思考力、判断力、表現力等を身につけているかを評価する。

　評価の工夫（例）には、次のものがある。

○論述やレポートの作成、発表、グループでの話合い、作品の制作や表現等の多様な活動を取り入れる。

○ポートフォリオを活用する。

ポートフォリオとは学習したことを個別にファイリングしたものを指す。学びの証拠となる資料に基づいて評価し、自らの学習活動をふり返ることを目的としているものが、ポートフォリオ評価である。
　「主体的に学習に取り組む態度」の評価について概説する（図6）。
　「学びに向かう力、人間性等」には、「主体的に学習に取り組む態度」として、観点別学習状況の評価を通じて見取ることができる部分と、観点別学習状況調査の評価や評定になじまない部分とがある。「主体的に学習に取り組む態度」として、観点別学習状況の評価を通じて見取ることができる部分は、知識及び技能を獲得したり、思考力、判断力等を身に付けたりすることに向けた粘り強い取組の中で、自らの学習を調整しようとしているかどうかであり、それを含めて評価する。一方、評価や評定になじまない部分は、個人内評価として、児童生徒一人一人のよい点や可能性、進歩の状況について評価し、見取ることになる。
　評価の工夫（例）には、次のようなものがある。

○例えばノートやレポート等における記述。
○授業中の発言。
○教師による行動観察。
○児童生徒による自己評価、相互評価などの状況を教師が評価を行う
　際に、考慮する材料の一つとして用いる。
※「知識・技能」や「思考・判断・表現」の観点の状況を踏まえた上で評価を
　行う（特定の発言、記述などを切り取って、他の観点から切り離して「主体
　的に学習に取り組む態度」として評価するのは適切ではない）。

　「主体的に学習に取り組む態度」の評価は、①知識及び技能を獲得したり、思考力、判断力、表現力を身に付けたりすることに向けた粘り強い取組を行おうとする側面と、①の粘り強い取り組みを行なう中

で、自らの学習を調整しようとする側面、という2つの側面を評価することが求められる。①、②の姿は実際の教科等の学びの中では別々ではなく相互に関わり合いながら立ち現れる。図6の右側下部のグラフは、横軸が②粘り強く学習に取り組む態度、縦軸が①自ら学習を調整しようとする態度である。横軸は右へ移動すればするほど、縦軸は

<評価の工夫(例)>○ノートやレポート等における記述　○授業中の発言　○教師による行動観察　○児童生徒による自己評価や相互評価等の状況を教師が評価を行う際に考慮する材料の一つとして用いる。＊「知識・技能」や「思考・判断・表現」の観点の状況を踏まえた上で評価を行う。(例えば、特定の記述などを取り出して、他の観点から切り離して「主体的に学習に取り組む態度」として評価することは適切ではない。)

●「主体的に学習に取り組む態度」の評価

「学びに向かう力、人間性等」には、①主体的に学習に取り組む態度として観点別学習状況の評価を通じて見取ることができる部分と、②観点別学習状況の評価や評定にはなじまない部分がある。

「主体的に学習に取り組む態度」については、知識及び技能を獲得したり、思考力、判断力、表現力等を身に付けたりすることに向けた粘り強い取組の中で、自らの学習を調整しようとしているかどうかを含めて評価する。

学びに向かう力、人間性等

観点別学習状況の評価にはなじまない部分(感性、思いやり等)②

「主体的に学習に取り組む態度」として観点別学習状況の評価を通じて見取ることができる部分①

個人内評価(児童生徒一人一人のよい点や可能性、進歩の状況について評価するもの)等を通じて見取る。

知識及び技能を獲得したり、思考力、判断力、表現力等を身に付けたりすることに向けた粘り強い取組の中で自らの学習を調整しようとしているかどうか含めて評価する。

○「主体的に学習に取り組む態度」の評価については、①知識及び技能を獲得したり、思考力、判断力、表現力を身に付けたりすることに向けた粘り強い取組を行おうとする側面と、②①の粘り強い取組を行う中で、自らの学習を調整しようとする側面、という2つの側面を評価することが求められる。

○①②の姿は実際の教科等の学びの中では別々ではなく相互に関わり合いながら立ち現れる。

②自ら学習を調整しようとする態度

「おおむね満足できる」状況(B)　「十分満足できる」状況(A)

「努力を要する」状況(C)

①粘り強く学習に取り組む態度

図6 「主体的に学習に取り組む態度」の評価[5]

上に移動すればするほど「よい状況」となる。このグラフの中央付近に位置する評価について「おおむね満足できる」状況（B）とした場合、グラフ右上に位置する評価は「十分満足できる」状況（A）、グラフ左下に位置する評価は「努力を要する」状況（C）となる。こうした観点から「主体的に学習に取り組む態度」を評価することができる。

　図7は、中学校社会科、地理的分野の評価の観点及びその趣旨を示したものである。図7の上部は中学校社会科の評価の観点およびその趣旨、下部は地理的分野のそれである。

　中学校社会科の評価の観点及びその趣旨は次の通りである。

○「**知識・技能**」：〔趣旨〕我が国の国土と歴史、現代の政治、経済、国際関係等に関して理解しているとともに、調査や諸資料から様々な情報を効果的に調べまとめている。

○「**思考・判断・表現**」：〔趣旨〕社会的事象の意味や意義、特色や相互の関係を多面的・多角的に考察したり、社会に見られる課題の解決に向けて選択・判断をしたり、思考・判断したことを説明したり、それらを基に議論したりしている。

○「**主体的に学習に取り組む態度**」：〔趣旨〕社会的事象について、国家及び社会の担い手として、よりよい社会の実現を視野に課題を主体的に解決しようとしている。

　地理的分野の評価の観点及びその趣旨は次の通りである。

○「**知識・技能**」：〔趣旨〕我が国の国土及び世界の諸地域に関して、地域の諸事象や地域的特色を理解しているとともに、調査や諸資料から地理に関する様々な情報を効果的に調べまとめている。

○「**思考・判断・表現**」：〔趣旨〕地理に関わる事象の意味や意義、特色や相互の関連を、位置や分布、場所、人間と自然環境との相互依

存関係、空間的相互依存作用、地域などに着目して、多面的・多角
的に考察したり、地理的な課題の解決に向けて公正に選択・判断し
たり、思考・判断したことを説明したり、それらを基に議論したり
している。

○「**主体的に学習に取り組む態度**」：〔趣旨〕日本や世界の地域に関わ
る諸事象について、国家及び社会の担い手として、よりよい社会の
実現を視野にそこで見られる課題を主体的に追究、解決しようとし
ている。

評価の観点及びその趣旨　中学校社会			
観点	知識・技能	思考・判断・表現	主体的に学習に取り組む態度
趣旨	我が国の国土と歴史、現代の政治、経済、国際関係等に関して理解しているとともに、調査や諸資料から様々な情報を効果的に調べまとめている。	社会的事象の意味や意義、特色や相互の関係を多面的・多角的に考察したり、社会に見られる課題の解決に向けて選択・判断したり、思考・判断したことを説明したり、それらを基に議論したりしている。	社会的事象について、国家及び社会の担い手として、よりよい社会の実現を視野に課題を主体的に解決しようとしている。

評価の観点及びその趣旨　中学校社会　地理的分野			
観点	知識・技能	思考・判断・表現	主体的に学習に取り組む態度
趣旨	我が国の国土及び世界の諸地域に関して、地域の諸事象や地域的特色を理解しているとともに、様々な情報を効果的に調べまとめている。	地理に関わる事象の意味や意義、特色や相互の関連を、位置や分布、場所、人間と自然環境との相互依存関係、空間的相互依存作用、地域などに着目して、多面的・多角的に考察したり、地理的な課題の解決に向けて公正に選択・判断したり、思考・判断したことを説明したり、それらを基に議論したりしている。	日本や世界の地域に関わる諸事象について、国家及び社会の担い手として、よりよい社会の実現を視野にそこで見られる課題を主体的に追究、解決しようとしている。

図7　中学校社会科、地理的分野の評価の観点及びその趣旨[6]

図8は、歴史的分野、公民的分野の評価の観点及びその趣旨を示し
たものである。図8の上部は歴史的分野の評価の観点およびその趣旨、

下部は公民的分野のそれである。

歴史的分野の評価の観点及びその趣旨は次の通りである。

○「**知識・技能**」：〔趣旨〕我が国の歴史の大きな流れを、世界の歴史を背景に、各時代の特色を踏まえて理解しているとともに、諸資料から歴史に関する様々な情報を効果的に調べまとめている。

○「**思考・判断・表現**」：〔趣旨〕歴史に関わる事象の意味や意義、伝統と文化の特色などを、時期や年代、推移、比較、相互の関連や現在とのつながりなどに着目して多面的・多角的に考察したり、歴史に見られる課題を把握し複数の立場や意見を踏まえて公正に選択・判断したり、思考・判断したことを説明したり、それらを基に議論したりしている。

○「**主体的に学習に取り組む態度**」：〔趣旨〕歴史に関わる諸事象について、国家及び社会の担い手として、よりよい社会の実現を視野にそこで見られる課題を主体的に追究、解決しようとしている。

公民的分野の評価の観点及びその趣旨は次の通りである。

○「**知識・技能**」：〔趣旨〕個人の尊厳と人権の尊重の意義、特に自由・権利と責任・義務との関係を広い視野から正しく認識し、民主主義、民主政治の意義、国民の生活の向上と経済活動との関わり、現代の社会生活及び国際関係などについて、個人と社会との関わりを中心に理解を深めているとともに、諸資料から現代の社会的事象に関する情報を効果的に調べまとめている。

○「**思考・判断・表現**」：〔趣旨〕社会的事象の意味や意義、特色や相互の関連を現代の社会生活と関連付けて多面的・多角的に考察したり、現代社会に見られる課題について公正に判断したり、思考・判断したことを説明したり、それらを基に議論したりしている。

○「**主体的に学習に取り組む態度**」：〔趣旨〕：現代の社会的事象について、国家及び社会の担い手として、現代社会に見られる課題の解決を視野に主体的に社会に関わろうとしている。

評価の観点及びその趣旨　中学校社会　歴史的分野

観点	知識・技能	思考・判断・表現	主体的に学習に取り組む態度
趣旨	我が国の歴史の大きな流れを、世界の歴史を背景に、各時代の特色を踏まえて理解しているとともに、諸資料から歴史に関する様々な情報を効果的に調べまとめている。	歴史に関わる事象の意味や意義、伝統と文化の特色などを、時期や年代、推移、比較、相互の関連や現在とのつながりなどに着目して多面的・多角的に考察したり、歴史に見られる課題を把握し複数の立場や意見を踏まえて公正に選択・判断したり、思考・判断したことを説明したり、それらを基に議論したりしている。	歴史に関わる諸事象について、国家及び社会の担い手として、よりよい社会の実現を視野にそこで見られる課題を主体的に追究、解決しようとしている。

評価の観点及びその趣旨　中学校社会　公民的分野

観点	知識・技能	思考・判断・表現	主体的に学習に取り組む態度
趣旨	個人の尊厳と人権の尊重の意義、特に自由・権利と責任・義務との関係を広い視野から正しく認識し、民主主義、民主政治の意義、国民の生活の向上と経済活動との関わり、現代の社会生活及び国際関係などについて、個人と社会との関わりを中心に理解を深めているとともに、諸資料から現代の社会的事象に関する情報を効果的に調べまとめている。	社会的事象の意味や意義、特色や相互の関連を現代の社会生活と関連付けて多面的・多角的に考察したり、現代社会に見られる課題について公正に判断したり、思考・判断したことを説明したり、それらを基に議論したりしている。	現代の社会的事象について、国家及び社会の担い手として、現代社会に見られる課題の解決を視野に主体的に社会に関わろうとしている。

図8 歴史的分野、公民的分野の観点及びその趣旨[7]

この評価の観点及びその趣旨は、単元ごとに設けられている「単元の評価規準」の作成に当たって、各教科においては、①年間の指導と評価の計画を確認し、②学習指導要領の目標や内容、「内容のまとまりごとの評価規準」の考え方などを踏まえることを押さえておきたい。

中学校社会科でも、①原則として「内容のまとまりごとの評価規準」を基に、②各分野の項目構成の特色を踏まえた上で、「単元の評価規準」を作成することになる。但し、「内容のまとまり」の一部を単元としたり、「内容のまとまり」を超えて単元としたりすることも考えられるので、各学校で指導計画や評価計画を作成する際に工夫することが求められる。

単元における各観点の評価規準の設定に当たっての留意点は次の通りである。

○「知識・技能」

・「知識」の評価基準では、社会的事象等の特色や意味，理論などを含めた社会の中で汎用的に使うことのできる概念等に関わる知識を獲得するように学習を設計すること。

・「技能」においては、中学校社会科学習指導要領解説において、身に付けるべき技能の例を整理しているので参照すること。

・単元の目標及びその評価規準においても、細かな事象を羅列してその習得のみを求めることのないよう留意すること。

○「思考・判断・表現」

　各単元において、それぞれの「見方・考え方」を視野に、具体的な「視点」などを組み込んだ評価規準を設定することが重要である。単元を見通した「問い」を設定し、「社会的な見方・考え方」を働かせることで、社会的事象等の意味や意義、特色や相互の関連等を考察したり、社会に見られる課題を把握し、その解決に向けて構想したりする学習を一層充実させることが可能となる。

○「主体的に学習に取り組む態度」

　現実の社会的事象を扱うことのできる社会科ならではの「主権者として、持続可能な社会づくりに向かう社会参画意識の涵養やより

よい社会の実現を視野に課題を主体的に解決しようとする態度の育成」が必要である。この教科の特性を踏まえつつ、この観点については，単元を越えて評価規準を設定するなど、ある程度長い区切りの中で評価することも考えられる。

　評価規準については、各学校で独自に作成することもあるが、国立教育政策研究所による「指導と評価の一体化」のための学習評価に関する参考資料(図9)を例にして教科書会社が作成したものを評価の観点に当てていることも少なくない。参考資料は教科別に作成されており、第1編「総説」、第2編「『内容のまとまりごとの評価基準』」を作成する際の手順、第3編「単元ごとの学習評価(事例)」で構成されている。適切な学習評価をするために活用したい。

●「指導と評価の一体化」のための学習評価に関する参考資料
（評価規準の作成と評価方法の工夫等）

NIER　国立教育政策研究所
National Institute for Educational Policy Research

第1編　総説
第2編　「内容のまとまりごとの評価
　　　　規準」を作成する際の手順
第3編　単元ごとの学習評価につい
　　　　て(事例)

「指導と評価の一体化」のための学習評価に関する参考資料は、下記のURL/QRコードよりアクセスできる。
https://www.nier.go.jp/kaihatsu/pdf/hyouka/r020326_mid_shakai.pdf

図9　「指導と評価の一体化」のための学習評価に関する参考資料

引用・参考文献

文部科学省ウェブページ　教育課程部会　児童生徒の学習評価の在り方につい
て（報告）2019 年 1 月 21 日（2022 年 11 月 30 日最終閲覧）https://www.
mext.go.jp/b_menu/shingi/chukyo/chukyo3/004/gaiyou/1412933.htm

国立教育政策研究所ウェブページ　学習評価の在り方ハンドブック（小・中学
校編）2019 年 6 月（2022 年 11 月 30 日最終閲覧）https://www.nier.go.jp
/kaihatsu/pdf/gakushuhyouka_R010613-01.pdf

国立教育政策研究所ウェブページ　中学校社会科「指導と評価の一体化」のた
めの学習評価に関する参考資料（2022 年 11 月 30 日最終閲覧）https://ww
w.nier.go.jp/kaihatsu/pdf/hyouka/r020326_mid_shakai.pdf

脚注

1 文部科学省ウェブページ　社会科、地理歴史科、公民科の学習過程のイメー
ジ資料 9（2022 年 11 月 30 日最終閲覧）https://www.mext.go.jp/compone
nt/b_menu/shingi/toushin/__icsFiles/afieldfile/2016/09/12/1377052_02_1.
pdf

2 文部科学省ウェブページ　児童生徒の学習評価の在り方について（報告）（2
022 年 11 月 30 日最終閲覧）https://www.mext.go.jp/component/b_menu/
shingi/toushin/__icsFiles/afieldfile/2019/04/17/1415602_1_1_1.pdf

3 文部科学省ウェブページ　学習評価に関する資料（2022 年 11 月 30 日最終
閲覧）https://www.mext.go.jp/b_menu/shingi/chukyo/chukyo3/004/siryo/
__icsFiles/afieldfile/2018/10/10/1409925_3.pdf

4 前掲「学習評価の在り方ハンドブック（小・中学校編）」参照。

5 同上。

6 前掲「中学校社会科『指導と評価の一体化』のための学習評価に関する参考
資料」参照。

7 同上。

第4章 社会科の成り立ちとその歩み

第1節　社会科で育てる人間像

　社会科ではどのような人間を育てるのか。人間形成に働きかける教育において、社会科が担うのはどの部分か。社会科の本質的な性格を明らかにする。

　1つ目として、「民主主義社会の建設」を担う人材を社会科で育てていく側面がある。民主主義を意味するデモクラシーは、古代ギリシア語で「人民・民衆」を意味するデモスと「権力・支配」を意味するクラトスを組み合わせたもので、一般民衆が社会を統治する、コントロールすることを意味している。この民主主義をどのように把握するかによって、「育成する人間像」が異なってくる。民主主義を支える3つの思想として、共同体主義、自由主義、国家主義がある。

●**社会科の本質**

・社会科ではどのような人間を育てるのか。人間形成を図る教育において、社会科が担うのはどの部分か。ここでは社会科の本質的性格を明らかにする。

<u>民主主義社会の建設</u>
大衆(デモス)の支配(クラトス)としてのデモクラシーを支える3つの思想

<u>公民的資質の発展</u>
市民的資質育成論の4つの捉え方

1.(事実的・価値的)知識・判断力を獲得をもって社会認識形成ひいては市民的資質育成と捉える。

2.(事実的・価値的)知識・判断力に基づく合理的意思決定能力をもって市民的資質として、社会認識形成とは別の学習過程を要求する

3.2を発展させ、学習者の心理や感情をふまえた実践的意思決定にまで市民的資質を拡大する。

4.3をさらに発展させ、市民的行動に市民的資質育成の中心を置く。ここでは市民的資質と市民的活動の厳密な区別はもはや存在しない。

図1　社会科で育成する人間像[1]

2つ目として、「公民的資質・能力の発展、育成」を行っていく側面がある。市民的資質育成論には、下記のように4つの捉え方があるが、市民的資質をどのように捉えるかによっても、育成する人間像は変わってくる。

1（事実的・価値的）知識・判断力の獲得をもって社会認識形成ひいては市民的資質育成と捉える。
2（事実的・価値的）知識・判断力に基づく合理的意思決定能力をもって市民的資質として、社会認識形成とは別の学習過程を要求する
3 上記2を発展させ、学習者の心理や感情をふまえた実践的意思決定にまで市民的資質を拡大する。
4 上記3をさらに発展させ、市民的行動に市民的資質育成の中心を置く。ここでは市民的資質と市民的活動の厳密な区別はもはや存在しない。

1）社会科の本質としての民主主義

　繰り返しになるが、民主主義は、「デモクラシー」の訳語である。デモクラシーには、統治の原理、統治の仕組み、行動のタイプや態度という3つの側面がある。「大衆による支配」、さらには「大衆に支持基盤をもつ支配」という意味を含んで「民主主義」を把握しようとするとき、「共和主義」（≒共同体主義）、「自由主義」だけでなく、民主主義とは相容れないように思われる「国家主義」さえも、（国家主義を支持する）民衆に支持基盤を持つという意味では、民主主義を標榜することになる。これらの民主主義を支える3つの思想は、思想的な緊張を抱える関係性にある（図2）。

　　①自由主義と共同体主義の対立がある。この対立は、「共通善」のあり方を争点とする。共同体主義では、共同体内部の公共的な価値を「共通善」と定義し、その共通善を「善の構想」として把握

する。それに対し、共訳不可能（両者において対応する共通の価値はない）な善の構想を峻別し、共訳可能な価値の範囲に共通善を制限しようとする。したがって、共同体主義の場合は、共通善を最大化することが好ましいことになるが、自由主義の場合は、人それぞれの善のあり方があり、分かち合えないものもあるので、共通善は最低限がよいことになる。

②国家主義と自由主義の対立がある。この対立は、国家の活動のあり方を争点とする。

　国家主義では、自由を擁護する主体として国家を位置づけ、自由を守るために積極的に活動する役割を強調する。国家が守ってくれるからこそ、人々は自由を享受できるという考えである。これに対し、自由主義では、自由権的な発想から、人々の自由を擁護するためには国家の活動をできる限り、制限した方がよいと考える。

●社会科の本質としての民主主義

・民主主義は「デモクラシー」の訳語である。デモクラシーには、①統治の原理、②統治の仕組み、③行動のタイプや態度の３つの側面がある。
・大衆による支配、さらには大衆に支持基盤をもつ支配という意味では、共和主義（≒共同体主義）、自由主義だけでなく、国家主義ですら民主主義を標榜する。

自由主義 vs 共同体主義	共同体内部の公共的価値を「共通善」と定義し、その共通善を「善の構想」として捉えるのが共同体主義。それに対し、共訳不可能(両者において対応する共通の価値ない)な善の構想を峻別し、共訳可能な価値の範囲に共通善を制限しようとするのが自由主義。
国家主義 vs 自由主義	自由を擁護する主体の積極性において、自由を守るための積極的な国家の役割を強調するのが国家主義。つまり、国家あっての自由という考え方。これに対し、自由の擁護のためには国家の活動をできる限り制限しようとするのが自由主義。
国家主義 vs 共同体主義	理念と実態において、共同体を国家とは別物と考えるのが共同体主義。それに対し、共同体と国家とを同一視するのが国家主義。

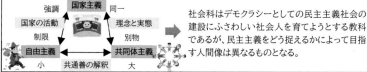

社会科はデモクラシーとしての民主主義社会の建設にふさわしい社会人を育てようとする教科であるが、民主主義をどう捉えるかによって目指す人間像は異なるものとなる。

図2　民主主義の理念を支える３つの主義の関係[2]

③国家主義と共同体主義の対立がある。この対立は、理念と実態の関係を争点とする。共同体主義では、共同体と国家はイコールではないと捉える。それに対し、国家主義では、共同体と国家を同一視する風潮がある。

2）社会科の本質と公民的資質・能力

　社会科の主要目標としての公民的資質・能力はきわめて広い範囲をもっている。したがって、公民的・資質能力について、社会科において中心的に身に付けることはもちろんであるが、社会科以外の教科・領域による学習においても、総合的に育成される必要がある。それゆえ、実際の授業構成では、公民的資質・能力の育成、あるいは市民的資質育成のどこまでを社会科が担っていくかという射程を明確にすることが重要である。つまり、社会科において、どういった資質・能力の育成を目指していくかということが問われている。

　図3は、森分孝治の著作[3]に基づいて、市民的資質（公民的資質と区別しない）を（事実的／価値的な）知識・判断力、感情、意思力から構成されるものとして、学習内容を知識・判断力の獲得→合理的意思決定→実践的意志決定→市民的行動に分割するとともに、学習原理として①社会認識、②市民的資質育成、③市民的活動を示したものである。この場合、市民的資質育成論は、4つに大別される（「社会科における市民的資質育成論の体系」を参照）。

　A：（事実的／価値的）知識・判断力の獲得をもって社会認識形成ひいては市民的資質育成と捉える。
　B：（事実的／価値的）知識・判断力に基づく合理的意思決定能力をもって市民的資質として、社会認識形成とは別の学習過程を要求する。

C：上記 B を発展させ、学習者の心理や感情をふまえた実践的意思決定にまで市民的資質を拡大する。

D：上記 C をさらに発展させ、市民的行動に市民的資質育成の中心を置く。ここでは市民的資質と市民的活動の厳密な区別はもはや存在しない。

　市民的資質育成のための授業の重心の違いは、目指す市民像の違いに由来する。A においては、自律的に社会認識の獲得に勤しむ人が、B、C においては意思決定できる人が、D においては、市民的活動に積極的にかかわることのできる市民が理想とされる。

　社会科が育てようとする人間像が備えるべき知識・理解と資質・態度の育成は、一元的に行われるのか、それとも独自に二元的に行われるのかという認識論論争は未だに決着がついていない問題である。

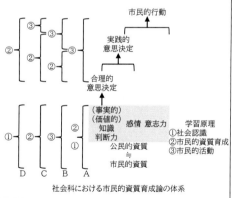

●社会科の本質と公民的資質・能力

・社会科の主要目標としての公民的資質・能力はきわめて広い範囲をもち、学校教育においては、あらゆる教科・領域に学習で総合的に育成されるべきものである。それゆえ、実際の授業構成においては、公民的資質・能力あるいは市民資質育成のどこまでを社会科が担うのか、その射程を明らかにする必要がある。

A：（事実的・価値的）知識・判断力を獲得をもって社会認識形式ひいては市民的資質育成と捉える。

B：（事実的・価値的）知識・判断力に基づく合理的意思決定能力をもって市民的資質として、社会認識形成とは別の学習過程を要求する。

C：B を発展させ、学習者の心理や感情をふまえた実践的意思決定にまで市民的資質を拡大する。

D：C をさらに発展させ、市民的行動に市民的資質育成の中心に置く。ここでは市民的資質と市民活動の厳密な区別はもはや存在しない。

社会科における市民的資質育成論の体系

図 3　社会科における市民的資質育成論の体系[4]

3)社会科と歴史科・地理科・公民科

　戦後の社会科と戦前にあった歴史・地理・公民を比較し、社会科の性格について考察する。第二次世界大戦前の日本には、社会科はなかった。戦前にあった社会科に類する教科は、歴史科、地理科、公民科である。戦後の社会科（図4の右側）と戦前の歴史科、地理科、公民科（図4の左側）を比較し差異を明らかにする。

　戦前の歴史科は、日本という国の本質（「国体」の解明）の認識に役立つ歴史的知識を習得する教科であり、皇国史観に基づいて、過去から現在までの歴史的事件を詳しく理解することを目指した、通史による内容構成であった。それに対し、戦後の社会科は、各時代の社会構造を理解するために歴史を学習する、社会構造史による内容構成を採る。

　戦前の地理科も社会科も、地理的知識の修得を通した自然環境と人間生活の関係の理解を中心目標の1つとしている点は共通している。ただし、地理的知識の位置づけは両者の間で異なっている。戦前の地理科は、各国についての地理的知識自体の教授が目指しており、各国・地方の特色を網羅する地誌を中心とした内容構成であった。それに対し、社会科は、地理的知識が現実社会を正しく判断し、現代社会の問題の解決に役立つ技能を育成することを目指しており、現代社会認識に必要な地理的事象を集約した単元で内容構成している。

　戦前の公民科は、現実社会に適応して貢献するための倫理的判断基準の内面化を重視し、政治・経済・社会に関する内容の系統的・網羅的な内容構成となっている。それに対し、社会科は、よりよい社会の形成への参画に必要な社会認識や市民としての資質を学習者自らが形成・探究することができるようになるために、多様な学習方法が図られていることが特徴であり、公民が社会的な問題解決の領域を扱う社会科の中心として、歴史や地理を取り込んだ内容構成となっている。

●社会科と歴史科・地理科・公民科

・第二次世界大戦前の日本には、歴史科・地理科・公民科はあったが社会科はなかった。社会科歴史と歴史科、社会科地理と地理科、社会科公民と公民科はどう異なるのだろうか

	戦前日本の強化	社会科
歴史	歴史科 ・我が国の本質（「**国体**」の解明）の認識に資する歴史的知識の習得 ・通史による内容構成	社会科歴史 ・**現代社会理解**の手段としての歴史 ・社会構造史による内容構成
地理	地理科 ・詳細な地理的知識の習得 ・**地誌**を中心とした内容構成	社会科地理 ・**現代社会理解**の手段としての地理 ・**人文地理**を中心とした内容構成
公民	公民科 ・社会に適応するための倫理的判断基準の内面化による公民の育成 ・政治・経済・社会に関する内容の系統的・網羅的教授	社会科公民 ・社会科の中心内容 ・現在やこれからの社会をより望ましいものにしていける資質・能力をもった市民の育成とそれに資する内容・方法の学習

図 4　戦後の社会科と戦前の歴史科・地理科・公民科の差異[5]

2 節　20世紀米国における社会科の誕生

　社会科は 20 世紀初頭の米国で誕生した。この時期に、米国で社会科が誕生したことが、教科の性格にどう影響を与えたか概説する。

　社会科という教科が新設される直前の 19 世紀末の米国は、「新移民」の増加と都市化の進行という課題を抱えていた。この時期、米国民の中等教育の就学率は上昇していたが、同時に不登校や中途退学などの問題も発生していた。19 世紀から 20 世紀への転換期に位置付くこの時代は、「新教育」と呼ばれる、子ども中心主義的な教育思潮が世界的に見られた。米国の教育界においても「進歩主義教育」という呼称で、「新教育」が展開された。

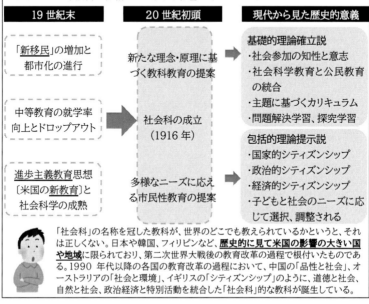

図 5　20 世紀米国における社会科の誕生[6]

　こうした社会の課題や風潮があり、20 世紀初頭に新しい理念・原理に基づく教科教育が提案され、1916 年に社会科が成立した。社会科には、喫緊の課題であった「移民」に代表される、米国社会における多種多様な価値観に基づくニーズに応えることができる市民性教育の実現という期待があった。

　「社会科」の性格や意義づけをめぐって、これまで大きく 2 つの解釈が提起されている（図 5）。

　社会科の性格をめぐる第 1 の解釈は、「基礎的理論確立説」である。それまでの分離分割されていた歴史科、公民科とは異なる、新しい教

科として「社会科」を位置づけている。社会科とは、社会参加の知性と意志を育成する教科であり、それは、知識の獲得に主眼を置いた社会科学教育と、態度・能力に重点化した公民教育の両面を統合するところに特質がある。米国社会の多様化と都市化の進行により、これまで家庭や地域が担ってきた民主主義社会の構成員育成機能が失われてしまった。そこで、本機能を公教育が肩代わりし、既存の諸教科を再編して生まれた教科が「社会科」であるという説である、この説に立つと、社会科の基本原理は、社会の課題や子供の関心に基づく「主題的」なカリキュラムと、「問題解決」的で、「探究」的な学習指導ということになる。

　社会科の性格をめぐる第2の解釈は、「包括的理論提示説」である。この説では、社会科は、当時の米国社会の課題に応える「シティズンシップ」教育論を包括的に提起したものということになる。社会の多様化の過程で、エリート層から労働者階級、アフリカ系移民まで個別のニーズに応じて社会的な上昇を支援するコースの提供を求めるニーズが高まった。米国人としての教養や国民意識を身につけた国家的シティズンシップ、政策に対して意思決定し、関与できる政治的シティズンシップ、職業的に自立し生活改善できる経済的シティズンシップなどの育成がそれにあたり、これらの選択肢を調整し、実現できる受け皿の総称として構想された教科が社会科だということになる。この説に立つと、社会科の統一的な基本原理は存在せず、社会の状況と子供のニーズに応じて、目標は柔軟に設定されることになる。カリキュラムには、キャリア教育や道徳、国家観形成の内容が含まれてもよい。知識の系統教授もシティズンシップ教育の射程に収まることなる。

　さて、「社会科」の名称を冠した教科が、世界のどこでも教えられているかというと、それは正しくない。日本や韓国、フィリピンなど、歴史的に見て米国の影響の大きい国と地域に限られており、第2次世

界大戦後の教育改革の過程で根付いたものである。1990 年代以降の各国の教育改革の過程において、中国の「品性と社会」、オーストラリアの「社会と環境」、イギリスの「シティズンシップ」のように、道徳と社会、自然と社会、政治経済と特別活動を統合した「社会科」的な教科が誕生している。

第3節　学習指導要領の変遷と社会科の歩み

　日本全国どこの小・中・高・特別支援学校でも一定の教育内容が保てるよう、文部科学省が定めている教育課程（カリキュラム）のナショナル・スタンダードである学習指導要領は、戦前の「教授要目」「教授細目」に代わって、1947 年初めて示された。これは、米軍を中心とした連合国軍最高司令官総司令部（GHQ）占領下の戦後教育改革の一環として（日本側＝文部省、GHQ 側＝CIE 民間情報教育局）、米国の「コース・オブ・スタディ」をモデルにして作られたものである。現在のように、文部科学省告示として官報に掲載され、「法的拘束力」を有すると解釈されるものではなく、学習指導要領「試案」と明記され、手引きという位置づけであり、これの使用については、各学校の裁量に委ねられる部分が大きかった。

1）学習指導要領「試案」1947 年

　1947 年 3 月発行の学習指導要領における教育課程（当時は「教科過程」と記載）の要点は 7 つある。1 点目は、はじめての学習指導要領であること。2 点目は、教師のための手引として作成され、「試案」の 2 文字が付されていたこと。3 点目は、教育課程の内容として、子ども中心主義や経験主義を重視していたことである。4 点目は、戦前のイデオロギー科目として批判された修身、歴史、地理が廃止され、

新たに「社会科」が新設されたこと。5点目は、小学校に男女共修「家庭科」を新設したこと。6点目は、中学校に「職業科」を設置したこと。7点目は、小学校4年生以上に「自由研究」を新設したことである。

　戦後教育改革の下で成立した社会科（「初期社会科」）は、生活そのもの、自分たちのまわりのことを学習単元として教材化し、生徒はそこにある諸問題の解決に取り組む（「問題解決学習」）ことを通して、歴史や地理、政治や経済等の知識を身に付けていく教科だった。知識注入型の詰め込み授業（系統主義）は否定され、自主的な討論や調査といった経験が重視された（経験主義）。

2）小・中学校学習指導要領第1次改訂1954年

　小・中学校学習指導要領第1次改訂の要点は3つある。1点目は、基本的性格は、1947年から変更なかったこと。2点目は、「自由研究」を廃止し、小学校に「教科以外の活動」、中・高校に「特別教育活動」を設置したこと。3点目は、中学校で体育が「保健体育」になったこと。4点目は、中学校で職業科が「職業・家庭科」になったことである。

　1951年改訂の社会科は、1947年版の教科の趣旨をさらに徹底させようとしたものである。この改訂で、中学校の国史が社会科に統合された。高等学校2、3年では「世界史」や「日本史」「人文地理」「時事問題」が設置された。この時期の社会科の指導原理は、経験主義をベースにした生徒主体の「問題解決学習」であったが、簡単に「調べたことを発表する」形式の授業が増加した。その結果、「基本的な知識が生徒に定着していない」という批判が関係者から出されることになり、生徒を活動させるだけで、深みのない授業に陥っているという意味で、「はいまわる経験主義」、「はいまわる社会科」と揶揄された。

3)高等学校学習指導要領第 2 次改訂 1955 年

　高等学校学習指導要領第 2 次改訂の要点は 2 つある。1 点目は、選択教科制を全面的に改めて、必修教科や科目を増設し、コース制を導入したこと。2 点目は、学習指導要領から「試案」の 2 文字が削除されたことである。

　1955 年改訂の中学校社会科は、この時に地理的分野、歴史的分野、政治・経済・社会的分野の 3 分野に再構成された。高校では、「一般社会」と「時事問題」を統合させて、「社会」を新設した。これにより高校社会科は、「社会」「日本史」「世界史」「人文地理」の 4 科目構成となった。

　この時期の学習指導要領の性格に影響を及ぼした国内外の情勢について概説する。1950 年 6 月に朝鮮戦争が勃発した。占領下日本の教育再建のために、連合国軍総司令部の要請で、米国から派遣された米国教育使節団が 2 度目の来日を果たしたのは、1950 年 8 月のことである。1 度目の来日は、1946 年 3 月のことであり、教育の民主化を提言し、戦後教育改革をリードした。第 2 次米国教育使節団は、日本を「反共の防波堤」と位置づけ、ソ連などの共産主義勢力に対抗するために、日本の教育を見直すことを目的としていた。1951 年 9 月、日本は連合国との間でサンフランシスコ平和条約を締結し、国際社会に復帰するが、同時に、米国との間で、日米安全保障条約を締結し、日米安保体制が確立した。つまり、日本は国際社会に、西側諸国の一員として、米国の同盟国として復帰したことになる。国内では、戦後新教育において展開されてきた経験主義の教育を否定する意見や批判（「社会科は米国のカリキュラムの焼き直しに過ぎない」、「経験ばかりが重視され、知識が断片的に扱われている」、「調査のまねごとはやめるべき」）が高まり、日本の実情にあった教育に改める必要があるという世論が形成された。そうした世論を背景にして、学習指導要

領も系統主義的な内容に改訂されていくことになる。

　戦後直後に成立した「初期社会科」は、経験主義に基づく「総合的」な理論と方法を指導原理としていたが、1955年版、58年版、69年版の社会科の特徴は、系統主義に基づくものであった。「系統」とは、ある順序にしたがったつながりのことである。初期社会科は、ある問題を見つけてそれを解決することが経験を通して目指され、そのときの解決手段が地理や歴史、公民であった。つまり、教科による線引きはそれほど意識されてこなかったが、1955年版以後の社会科は、地理、歴史、公民といった内容の枠組みを明確にして系統的に学習する系統主義が「復活」したのである。

4）小・中学校第2次改訂1958年、高等学校第3次改訂1960年

　小・中学校第2次改訂、高等学校第3次改訂の要点は6つある。1点目は、学習指導要領が「発行」から「告示」形式となり、教育課程の国家的基準としての法的拘束性を明確化したこと。2点目は、教育内容の系統性を重視する傾向がさらに強化されたこと。とくに科学技術教育の向上を意図し、基礎学力の定着を重視し、算数や理科の内容を充実させ、授業時数が増加した。3点目は、道徳教育の充実強化のために、小・中学校の領域において、特設「道徳の時間」を設置したこと。4点目は、高校では「倫理社会」が必修科目として新設されたこと。5点目は、小・中学校の教育課程を「教科」「道徳」「特別教育活動」「学校行事」の4領域で構成したこと。6点目は、高校は「教科・科目」「特別教育活動」「学校行事」の3領域で構成したことである。

　中学校社会科では、本改訂から「ザブトン型のカリキュラム」が確立した。1年次は地理、2年次では歴史、3年次は公民を学習する方式となった。社会科の教育課程の特徴として、「総合から分化」、「問

題解決学習から系統学習へ」という方向性が明確に打ち出された。高校では「社会」が「倫理・社会」と「政治・経済」に区分され。「世界史」と「地理」はA(3単位)とB(4単位)が新設された。

5) 小・中学校第3次改訂(小1968年／中1969年)、高等学校第4次改訂1970年

　小・中学校第3次改訂、高校第4次改訂の要点は4つある。1点目は、授業時数について、従来の最低時数から標準時数として示すように変わったこと。2点目は、理数系教科において「教育内容の現代化」が図られたこと。3点目は、「特別教育活動」と「学校行事等」を統合し、「特別活動」(高校では「各教科以外の教育活動」)となり、小・中学校の教育課程は「各教科」「道徳」「特別活動」の3領域、高校は「各教科・科目」「各教科以外の教育活動」の2領域で構成されたこと。4点目は、中学校の特別活動の内容として必修の「クラブ活動」が新設されたことである。

　当時の日本社会は、高度経済成長によって、1968年にGNP(国民総生産)が世界第2位になり、国民の生活水準が著しく向上した。好景気に支えられて経済界から、日本社会の急激な工業化に対応し、それを担っていける人材や、経済発展をリードする能力のあるエリート人材の養成など「マンパワーポリシー」に基づいた教育改革論が教育界に要望され、理数系科目の高度化が推進されたという経緯がある。いわゆる「教育内容の現代化」は、社会科の教育課程にも影響を及ぼし、当時の教育課程審議会(省庁再編時に、中央教育審議会に吸収・合併)は「目標の明確化と内容の精選」という2つの柱を立て、公民的資質を養うことが社会科では大切だと解説し、内容も観察、思考力や資料活用能力を育成することが学習指導要領の中で示されるなど教育内容が高度化した。

中学校社会科では、1・2年に地理と歴史を並行して授業する「パイ型カリキュラム」が開始された。同時に、コミュニティ資質の基礎を養うという目標の下に、それまで政治・経済・社会を分野ごとに学習していたが、「公民的分野」という名称とともに内容が統合された。

6）小・中学校第4次改訂1977年、高校第5次改訂1978年

1968年の学習指導要領改訂による「教育内容の現代化」カリキュラムでは、質と量ともに高度な内容の学校教育が実施され、子どもたちの理解度を無視して多くの内容を詰め込む新幹線授業により、授業についていくことができない児童生徒[7]が続出した。この詰め込み教育の弊害の結果、「落ちこぼれ」や不登校、いじめなどの教育問題が発生し、学校にゆとりをもたらすことを意図した教育課程の改訂が行われた。「ゆとり路線」のスタートである。

小・中学校第4次改訂、高校第5次改訂の学習指導要領の特徴は、大きく4点ある。1点目は、「ゆとりと充実」を目指し、授業時数を約1割、指導内容も大幅に削減し、各学校の創意工夫を生かす「学校裁量時間」（ゆとりの時間）を新設したこと。2点目は、教育課程の基準の大綱化、弾力化を図ったこと。3点目は、高校において習熟度別学級編成が導入されたこと。4点目は、小・中・高の教育内容の一貫性を図ったことである。

この時期の社会科は、「詰め込み教育」の反省から、知識伝達よりも考えて正しく判断できる力を伸ばす改訂となった。「ゆとりの時間」が新設され、各教科の時間数が削減になった。社会科では、改訂前は小学校4・5・6年で週4時間、中学校3年で週5時間だったが、改訂後は小学校3時間、中学校2時間に削減された。

高度経済成長を達成した日本社会は、高校の進学率が上昇し、1974年には高校進学者は9割を超えた。これを受けて、教育関係者から小

中高一貫した社会科が必要だという意見が寄せられ、小学校1年生から高校1年生までの10年間について、一貫した教育内容を学習する趣旨で、高校に「現代社会」が新設された。「現代社会」は高校1年生で履修する必修教科で、現代社会の諸問題を解決していくという性格を有していた。

7)小・中学校第5次改訂　1989年　高校第6次改訂　1989年

　小・中学校第5次改訂、高校第6次改訂の学習指導要領の要点は、大きく8つある。

　1点目は、個性尊重の教育を目指し、小・中学校で授業時数の弾力的な運用、中・高で選択履修幅の拡大を図ったことである。公立学校では「個性」を無視した画一的な授業が行われているという批判があり、「個性」に応じられる教育内容にするために、弾力的な運用を図ったり、選択科目を増やしたりする改訂が行われた。中曽根康弘総理大臣が、「戦後教育の総決算」というスローガンを掲げ、校内暴力やいじめといった教育問題の解決を目指し、内閣直属の教育の諮問機会である臨時教育審議会(臨教審)(1984〜1987年)を設置した。臨教審は最終答申(1987年)で「個性重視の原則」、「生涯学習体系への移行」、「国際化への対応」という提言を行った。2点目は、小学校低学年(1・2年生)の社会科と理科とを統合し、「生活科」を新設したこと。3点目は、入学式・卒業式などでの国旗・国歌の取り扱いを学習指導要領に位置づけ、明確化したこと。4点目は、体験的な学習、問題解決的学習を重視したこと。5点目は、中学校で習熟度別指導を導入したこと。6点目は、コンピューター・リテラシーの育成のため中学校の「技術・家庭科」に「情報基礎」が加わったこと。7点目は、高校社会科を「地理歴史科」と「公民科」に分割再編し、「世界史」を必修したこと。8点目は、高校の「家庭科」を男女必修にしたことである。

中学校社会科では、選択履修の幅が拡大し、「公民的分野」の授業時数が、改訂前は 105 時間であったが、改訂後は 70〜105 時間の範囲で設定できるようになった。削減した授業時数で「選択社会」が設置できるようになった。

8）小・中学校第 6 次改訂 1998 年、高校第 7 次改訂 1999 年

　小・中学校第 6 次改訂、高校第 7 次改訂の学習指導要領は、「ゆとりカリキュラム」と呼ばれており、その要点は大きく 8 つある。

　1 点目は、土曜日の授業を廃止し、完全学校週 5 日制にしたことである。「生きる力」の育成を目指し、授業時数の大幅削減と教育内容の厳選を行った（小・中学校では年間 70 単位時間削減し、高校では卒業に必要な単位数を 80 単位から 74 単位に削減）。2 点目は、「総合的な学習の時間」を新設したこと。3 点目は、中・高の特別活動の「クラブ活動」を廃止したこと。4 点目は、中学校の外国語を必修教科として位置づけ、英語の履修を原則とすること。5 点目は、高校で必修教科として「情報」が新設されたこと。6 点目は、高校で「学校設定教科・科目」が新設されたこと。7 点目は、盲学校・聾学校・養護学校（現・特別支援学校）の「養護・訓練」を「自立活動」という名称に変えたこと。8 点目は、2003 年には、学力低下への批判から学力重視をねらいとした一部改正が行われたことである。「ゆとり教育カリキュラム」は、2002 年度から完全実施であったが、その翌年には「確かな学力」を目ざしたカリキュラムへと舵を切るなど迷走した。

　社会科では、「授業時数の削減」、「教育内容の精選」が行われた。具体的には、中学校社会科では、「地理的分野」において、日本と世界の地誌学習がなくなり、その代わり「二つまたは三つの都道府県や国を事例として」学習するようになったこと。「歴史的分野」において、古代・中世・近世・近現代と大きな枠組みの中で内容を捉えること。「公

民的分野」において、国際政治や国際経済の学習が高校公民科に先送りになったことである。

9）小・中学校第 7 次改訂 2008 年、高校第 8 次改訂 2009 年

　小・中学校第 7 次改訂、高校第 8 次改訂の学習指導要領の要点は、8 つある。

　1 点目は、教育基本法改正（2006 年 12 月）を踏まえ、「生きる力」を育むため、「確かな学力（基礎的・基本的な知識・技能の習得、思考力・判断力・表現力等の育成、学習意欲の向上等）、「豊かな心」、「健やかな体」の育成を目指したこと。2 点目は、思考力・判断力・表現力等を育成するために、言語活動の充実を図ったこと。3 点目は、教科等を横断して改善すべき事項として、情報教育、環境教育、ものづくり、キャリア教育、食育、安全教育、心身の成長発達についての正しい理解が強調されたこと。4 点目は、小学校低学年週 2 コマ、中・高学年週 1 コマ、中学校週 1 コマ増加するなど授業時数が増えたこと。5 点目は、高校では週当たり 30 単位時間を超えて授業を行えると明記されたこと。6 点目は、小学校高学年で外国語活動が導入されたこと。7 点目は、中学校の選択科目が標準授業時数からされたこと。8 点目は、2015 年 3 月に、道徳教育の充実・改善を図るため、教育課程の領域「道徳の時間」を「特別の教科 道徳」として位置付ける一部改正を行ったことである。

　中学校の社会科では、「表現し参画する社会科」が目指されることになった。具体的には、多面的・多角的に考察し、公正に判断すること。基本的知識を習得させ、それらを活用し、課題を見つけ探究する力を習得すること。伝統・文化・宗教を理解し愛情をはぐくむこと、国際社会で主体的に生き、持続可能な社会を目指し自ら参画していくことである。

中学校 1・2 年を通じて地理と歴史を並行して学習させることを原則とし、3 年次には歴史と公民を学習する、「変形パイ型」が採用された。

小・中学校社会科の授業時数について、小学校 3 年(70 時間)、4 年(85→90 時間)、5 年(90→100 時間)、6 年(100→105 時間)、中学校 1・2 年は同じ「地理的分野」(105→120 時間)「歴史的分野」(105→120 時間)、「公民的分野」(85→100 時間)と増加した。

また、社会科において、情報モラルの指導にも配慮することが明記された。

2014 年 1 月には、近隣諸国との領土問題に端を発し、「我が国の領土に関する教育等の一層の充実を図る」という主旨で、「中学校学習指導要領解説」のうち社会編の一部、また「高等学校学習指導要領解説」のうち地理歴史編及び公民編の一部が改訂された。

10)小・中学校第 8 次改訂 2017 年、高等学校第 9 次改訂 2018 年

小・中学校第 8 次改訂、高等学校第 9 次改訂の学習指導要領の要点は 8 つある。

1 点目は、学習指導要領の構成について、「前文」を付し「総則」も全体像を見渡すことができる記述に変更したこと。2 点目は、教育課程を軸に学校教育の改善・充実の好循環を生み出す「カリキュラム・マネジメント」の必要性が強調されていること。3 点目は、子どもたちの求められる資質・能力は何かを社会と共有し、連携する「社会に開かれた教育課程」を重視すること。4 点目は、「主体的・対話的で深い学び」(アクティブ・ラーニング)の実現に向けた授業改善として、すべての教科等について、「知識及び技能」の習得、「思考力、判断力、表現力等」の育成、「学びに向かう力、人間性等」の涵養という「資質・能力の 3 つの柱」に再整理し、各教科等の特質に応じた物事を捉

える視点や考え方（「見方・考え方」を育成すること。5点目は、小学校高学年に外国語科を新設、中学年に外国語活動を導入したこと。6点目は、主権者教育、消費者教育、防災・安全教育などの充実が図られたこと。7点目は、プログラミング教育を含む情報活用能力を育成することである。

　社会科では、科目編成の変更により小学校第3学年から高校までの全ての児童生徒が一貫して、社会科及び地理・歴史・公民に関わる全てを必ず学習するカリキュラム体制が復活し、小・中・高校で一貫した「社会的な見方・考え方」が整理された。

　小学校社会科では、学習内容について、中学校で学ぶ内容との関連を考慮し、「地理的環境と人々の生活」（地理）、「歴史と人々の生活」（歴史）、「現代社会の仕組みや働きと人々の生活」（公民）に整理された。

　中学校社会科では、従前のように「地理的分野」、「歴史的分野」、「公民的分野」において学習を進めていくが、「歴史的分野」が5時間増（135時間）、「地理的分野」が5時間減（115時間）となった。また、各分野において、防災教育や国土教育（領土問題）などの充実を図る。

　高校では、小・中学校での学びとの連続性を重視し、「地理総合」、「歴史総合」「公共」の3科目が必修科目として新設された。同時に、必修科目の履修後、発展的に学ぶ選択科目として、「地理歴史」では、「地理探究」、「世界史探究」、「日本史探究」を新設、「公民」では、「政治・経済」、「倫理」を新しく規定した。

参考文献

原田智仁編『社会科教育のルネサンス』教育情報出版、2020 年

森分孝治「市民的資質育成における社会科教育」『社会系教科教育学研究』(13)、
　　2001 年

文部科学省ウェブページ　学習指導要領の変遷（2022 年 11 月 30 日最終閲覧）
　　https://www.mext.go.jp/a_menu/shotou/new-cs/idea/1304360_002.pdf

臼井嘉一、柴田義松編『〈新版〉社会・地歴・公民科教育法』学文社、2009 年

脚注

1　前掲『社会科教育のルネサンス：実践知を求めて』参照。

2　同上。

3　前掲「市民的資質育成における社会科教育」参照。

4　前掲『社会科教育のルネサンス：実践知を求めて』参照。

5　同上。

6　同上。

7　当時の学校関係者が、授業を理解している子どもが、小学生は 7 割、中学生
　　は 5 割、高校生は 3 割しかいないことを「七五三」と表現していた。

第1節　パイ型分野構成の意義と課題の視点から考える

　図1の上部は、現行学習指導要領における中学校社会科の各分野の履修について示したものである。履修の順序として、1～2年次には地理と歴史を並行して学習する。これは地理と歴史とを連携しながら学んでいくことを意図している。3年次には、歴史の残りの部分をやり、公民を学習する。公民の学びでは、地理と歴史で学んだことを活用し、現代社会における課題を考察し、問題解決に活かすことが想定されている。

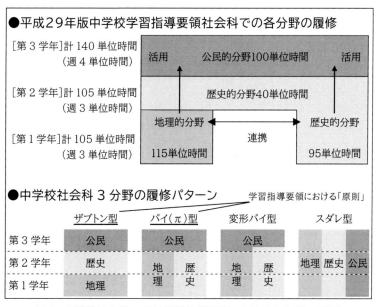

図1　中学校社会科の現行学習指導要領における各分野の履修[1]

中学校社会科の時間数は、1〜2年次では、週3単位時間で年間105単位時間である。3年次では、週4単位時間で年間140単位時間となる。

　中学校社会科3分野の履修パターンには複数の可能性がある（図1の下部）。「ザブトン型」では、1年次は地理、2年次は歴史、3年次は公民の順序で履修していく。パイ（π）型では、1〜2年次は、地理と歴史を並行学習し、3年次で公民という順序で学習していく。変形パイ型では、1〜2年次に地理と歴史を並行学習するのはパイ型と同じであるが、3年次でも歴史を学び、その後に公民を履修するという順序になる。スダレ型では、1〜3年次を通して、地理と歴史、公民を並行履修し、学習していく。これまでの学習指導要領における履修パターンの原則は、第5章の「社会科の成り立ち」で解説した通り、「ザブトン型」と「パイ型」であった。戦後の初期社会科では、当初、「教科的区画にとらわれない」問題解決学習を目指しており、各学年とも「経験学習」に基づく領域を中心とする問題単元によって構成されていた。「はいまわる経験主義」などの批判が起こり、次第に分野制の考えが強まっていった。

　「系統学習」重視になった1958年版学習指導要領では、3分野制が確立し、「ザブトン型」を「原則」とした。1969年版学習指導要領では、「変形パイ型」が「原則」となった。「変形パイ型」は、1〜2年次で地理と歴史を並行学習するが、標準授業時数は歴史が多く、3年次で歴史と公民を学習するという履修パターンである。1969年版学習指導要領以後、中学校社会科ではパイ型が「原則」となっている。「ザブトン型」の履修で社会科を学習する慣行もあったが、次第に1〜2年次は地理と歴史を並行学習する「パイ型」が定着し、現在に至っている。

●分野制の登場とこれまでの履修パターン

・戦後新たに誕生した社会科は当初、「教科的区画にとらわれない」問題解決学習が目指され、各学年とも経験領域を中心とする問題単元より構成された。その後、次第に分野制の考えが強まり、系統学習重視となった1958年版学習指導要領では3分野制が確立し、ザブトン型が「原則」とされた。1969年版学習指導要領では、いわゆる「変形パイ型」が「原則」とされ、パイ型の方が「原則」になった。

・なお、変形パイ型とは、標準の授業時数を地理的分野よりも歴史的分野を多くするなどして、第3学年で「歴史的分野及び公民的分野を学習させる」というパイ型である。1969年版以降はパイ型が「原則」とされ続け、学校現場ではザブトン型も長い間見られたが、次第にパイ型が広まった。

学習指導要領	社会科の学習	全体の構成
1947年版	**問題解決学習**	分野に基づかない単元による構成
1951年版	問題解決学習	分野を意識した単元による構成
1955年版	過渡的な性格 問題解決学習から**系統学習**へ	3分野構成(3分野の学年指定はなく、分野に分けない指導計画も容認)
1958年版	系統学習	3分野構成(ザブトン型の履修原則)
1969年版	系統学習	系統学習3分野構成(パイ型の履修原則)

図2 分野制の登場とこれまでの履修パターン[2]

　図2の下部は、中学校社会科の学習形態の変遷を整理したものである。1947年版学習指導要領における社会科学習は、分野に基づかない単元により構成された問題解決学習だった1951年版学習指導要領の社会科も問題解決学習であるが、分野を意識した単元によって構成された。1955年版学習指導要領は、「問題解決学習」から「系統学習」へと変化する過渡期であり、3分野の学年指定はなく、分野に基づかない単元構成による指導計画も容認されていたが、全体の構成は3分野構成になっていた。1958年版学習指導要領において「系統学習」重視になっていくことになり、3分野構成で「ザブトン型」の履修パターーンを原則とした。しかし、1969年版学習指導要領以後は、「パイ型」が原則になっていく。

現行学習指導要領における中学校社会科の履修パターンは「変形パイ型」である。1～2年次に地理と歴史を並行学習し、3年次に歴史を学習した後に公民を学習する順序になっている。授業時数から「変形パイ型」の授業構成を見た場合、地歴並行学習を行う上では微妙な時数になる。こうした点は、各学校での「創意工夫」に委ねられている。週3時間1～2年次は社会科の授業があるが、地理と歴史という2種類の学習について、どのように時間配分していくかの問題である。学校現場では、例えば、4月は地理を週3時間、5～6月は歴史を週3時間のように1か月単位で区切ったり、単元の区切りで地理と歴史を切り替えて並行学習を展開するなど工夫している。

●平成29年版学習指導要領での各分野の履修

・**平成29年版**学習指導要領の履修パターンは**変形パイ型**で、「地理的分野は第1、第2学年あわせて115単位時間履修させ、歴史的分野については第1、第2学年あわせて95単位時間、第3学年の最初に40単位時間履修させ、その上で公民的分野100単位時間履修させる」ことになっている。

・第1・2学年での地理的分野115時間、歴史的分野95時間という授業時数は、週1時間で年間授業時数が35時間になることを考えると、<u>地歴並行学習</u>を行う上では微妙な時数である。こうした点は各学校での<u>創意工夫</u>に委ねられている。パイ型による地歴並行学習の実態は、1週間の中で地理と歴史両分野の授業をどちらも行っているケースはあまりなく、大半は期間を定めて地理と歴史両分野の授業を入れ替えながら交互に行っているようである。これは、第1、第2学年の週3時間の授業を地理と歴史両分野で分けると、一方の授業が週1時間になってしまうためと考えられる。入れ替えながら交互に行う場合、週単位での入れ替えから半年単位での入れ替えまでさまざまだが、「1か月や1単元の区切りごと」が多く占める。

図3　平成29年版学習指導要領での各分野の履修[3]

こうした「パイ型」分野構成の意義と課題を確認する（図4）。1969年版学習指導要領において「系統学習」の性格が強まり、各分野の知識や系統的な構成が重視された。一方、1968 年の教育課程審議会の答申では、「三分野の密接な関連のもとに、社会科全体としての学習効果を高める」ことを目指し、「パイ型」分野構成が「原則」となった。1977 版学習指導要領以後、「パイ型」の下でこうした分野間の関連・連携を大切にする姿勢が強められていった。平成 29 年版学習指導要領では、1969 年版学習指導要領で「教科の基本的な構造」とされた「地理的分野及び歴史的分野の基礎の上に公民的分野の学習を展開する」点を踏襲し、公民的分野では「地理、歴史の学習の成果を活用する」ことになった。また、地理的分野では、「歴史的分野との連携」それから「公民的分野との関連」に配慮することとされ、歴史的分野でも地理と同様の配慮が必要となった。

　「パイ型」分野構成の意義は、分野間の関連・連携を大切にして 1 つの教科として社会科を維持し、「公民としての資質・能力の基礎」を育成する目標実現に寄与したことである。しかし、課題も存在する。分野間の関連・連携は各教師の創意工夫に委ねられるなど学校現場や教師に依存している点である。実際上、1 つの教科としての社会科ではなく、地理科、歴史科、公民科の分野に分化しており、複数の教科の寄せ集めに過ぎないのではないかという疑問もある。また、地理並行学習について、週 3 時間での実施に無理がないか、現在多く見られる地理と歴史の学習を入れ替えながら行うことが適切かということも検討が必要である。さらに、「パイ型」が分野間の関連・連携で本当に有効かどうかっていうことも、今一度検討していく必要がある。

●パイ型分野構成の意義と課題

・<u>1969年版学習指導要領</u>では<u>系統学習</u>の性格が強まり、分野それぞれの知識や系統的な構成が重視された。一方で、「<u>三分野の密接な関連</u>のもとに、<u>社会科全体としての学習効果を高める</u>」(1968年教育課程審議会答申)ことを目指し、<u>パイ型</u>分野構成が原則となった。こうして1977年版学習指導要領以降、パイ型の下でこうした分野間の関連・連携を大切にする姿勢が強められた。

・2017年版学習指導要領は、1969年版で「教科の基本的な構造」とされた「地理的分野及び歴史的分野の基礎の上に公民的分野の学習を展開する」という点を踏襲し、公民的分野では「地理的分野及び歴史的分野の学習の成果を活用する」ことになっている。そして、地理的分野では、「歴史的分野との<u>連携</u>」「公民的分野との<u>関連</u>」に配慮することとされ、歴史的分野のほうでも同様の配慮が必要とされている。パイ型分野構成の意義とは、分野間の関連・連携を大切にして、1つの教科として社会科を維持し、「<u>公民としての資質・能力の基礎</u>」を育成するという目標実現に寄与しようとしてきたことだろう。

・一方で、分野間の関連・連携は各教師に委ねられている部分も大きく、実際には1つの教科としての社会科ではなく、地理科、歴史科、公民科に分化しており、複数の教科の寄せ集めになっているのではないかという疑問もある。また、地歴並行学習について、現行のような週3時間での実施には無理がないか、現在多く見られる地理と歴史両分野の学習を入れ替えながら行う形は適切なのか検討が必要だろう。さらにパイ型こそが分野間の関連・連携で本当に有効なのかについても考えていく必要がある。

図 5　パイ型分野構成の意義と課題[4]

第 2 節 「指導計画の作成と内容の取扱い」の視点から考える

　現行学習指導要領における中学校社会科の「指導計画の作成と内容の取扱い」について概説する（図6）。

1 指導計画の作成と内容の取扱いについては、次の事項に配慮するものとする。

　（1）単元など内容や時間のまとまりを見通し、その中で育む資質・能力の育成に向けて、生徒の「主体的・対話的で深い学び」の

●指導計画の作成と内容の取扱い

1 指導計画の作成に当たっては、次の事項に配慮するものとする。

(1)単元など内容や時間のまとまりを見通して、その中で育む資質・能力の育成に向けて、生徒の**主体的・対話的で深い学び**の実現を図るようにすること。その際、分野の特質に応じた見方・考え方を働かせ、社会的事象の意味や意義などを考察し、概念などに関する知識を獲得したり、社会との関わりを意識した課題を追究したり解決したりする活動の充実を図ること。また、知識に偏り過ぎた指導にならないようにするため、**基本的な事柄**を厳選して指導内容を構成するとともに、各分野において、第2の内容の範囲や程度に十分配慮しつつ事柄を再構成するなどの工夫をして、基本的な内容が確実に身に付くよう指導すること。

(2)小学校社会科の内容との関連及び**各分野相互の有機的な関連**を図るとともに、地理的分野及び歴史的分野の基礎の上に公民的分野の学習を展開するこの教科の基本的な構造に留意して、全体として教科の目標が達成できるようにする必要があること。

(3)各分野の履修については、**第1、第2学年**を通じて**地理的分野及び歴史的分野**を並行して学習させることを原則とし、**第3学年**において**歴史的分野及び公民的分野**を学習させること。各分野に配当する授業時数は、地理的分野115単位時間、**歴史的分野135単位時間、公民的分野100単位時間**とすること。これらの点に留意し、各学校で創意工夫して適切な指導計画を作成すること。

(4)**障害のある生徒**などについては、学習活動を行う場合に生じる困難さに応じた指導内容や指導方法の工夫を計画的、組織的に行うこと。

(5)第1章総則の第1の2の(2)に示す**道徳教育**の目標に基づき、**道徳科**などとの関連を考慮しながら、第3章特別の教科道徳の第2の示す内容について、社会科の特質に応じて適切な指導をすること。

図6 指導計画の作成と取扱い(1)

実現を図るようにすること。その際、分野の特質に応じた「見方・考え方」を働かせ、社会的事象の意味や意義などを考察し、概念などに関する知識を獲得したり、社会との関わりを意識した課題を追究したり解決したりする活動の充実を図ること。また、知識に偏り過ぎた指導にならないようにするため、基本

的な事柄を厳選して指導内容を構成するとともに、各分野に
　　おいて、第 2 の内容の範囲や程度に十分配慮しつつ事柄を再
　　構成するなど工夫し、基本的な内容を確実に身に付くよう指
　　導すること。

(2) 小学校社会科の内容との関連及び各分野相互の有機的な関連を
　　図るとともに、各分野相互の関連を図るとともに、地理的分野
　　及び歴史的分野の基礎の上に公民的分野の学習を展開するこ
　　の教科の基本的な構造に留意し、全体として教科の目標が達成
　　できるようにする必要があること。

(3) 各分野の履修については、第 1、第 2 学年を通じて地理的分野
　　及び歴史的分野を並行して学習させることを原則とし、第 3 学
　　年において、歴史的分野と公民的分野を学習させること。各分
　　野に配当する授業時数は、地理的分野が 115 単位時間、歴史的
　　分野が 135 単位時間、公民的分野が 100 単位時間とすること。
　　これらの点に留意し、各学校で創意工夫して適切な指導計画を
　　作成すること。

(4) 障害のある生徒などについては、学習活動を行う場合に生じる
　　困難さに応じた指導内容や指導方法の工夫を計画的、組織的に
　　行うこと。

(5) 第 1 章総則の第 1 の 2 の(2)に示す道徳教育の目標に基づい
　　て、道徳科などとの関連を考慮しながら、第 3 章特別の教科道
　　徳の第 2 の示す内容について、社会科の特質に応じて適切な指
　　導をすること。これは、道徳教育について、その要である道徳
　　科（特設主義）だけでなく、学校における全ての教育活動を通
　　じて道徳教育を行う（全面主義）ことになっているので、社会
　　科においても道徳教育を行うことが期待されていることを意
　　味している。

2 第2の内容の取扱いについては、次の事項に配慮するものとする（図7）。

  (1)「社会的な見方・考え方」を働かせることにより一層重視する観点に立って、社会的事象の意味や意義、事象の特色や事象間の関連、社会に見られる課題などについて、考察したことや選択・判断したことを論理的に説明したり、立場や根拠を明確にして議論したりするなどの言語活動に関わる学習を一層重視すること。

  (2) 情報の収集、処理や発表などに当たっては、学校図書館や地域の公共施設を活用するとともに、コンピュータや情報通信ネットワークなどの情報手段を積極的に活用し、指導に生かすことで、生徒が主体的に調べ分かろうとして学習に取り組めるようにすること。その際、課題の追究や解決の見通しをもって生徒が主体的に情報手段を活用できるようにするとともに、情報モラルの指導にも留意すること。

3 第2の内容の指導に当たっては、教育基本法第14条及び第15条の規定に基づき、適切に行うよう特に慎重に配慮して、政治および宗教に関する教育を行うものとする（図8）。

公立学校における政治教育や宗教教育については、これをしてはいけない、禁止されていると誤解されている場合が散見される。そうではないことを確認する。

教育基本法第14条は「政治教育」について規定する条文である。

「第1項　良識ある公民として必要な政治的教養は、教育上尊重されなければならない。

第2項　法律の定める学校は、特定の政党を支持し、又はこれに

反対するための政治教育その他政治的活動をしてはいけない。」

●指導計画の作成と内容の取扱い

2 第2の内容の取扱いについては、次の事項に配慮するものとする。

(1)<u>社会的な見方・考え方</u>を働かせることをより一層重視する観点に立って、社会的事象の意味や意義、事象の特色や事象間の関連、社会に見られる課題について、考察したことや選択・判断したことを**論理的に説明**したり、立場や根拠を明確にして議論したりするなどの**言語活動**に関わる学習を一層重視すること。

(2)<u>情報の収集、処理や発表</u>などに当たっては、学校図書館や地域の公共施設などを活用するとともに、**コンピュータ**や**情報通信ネットワーク**などの情報手段を積極的に活用し、指導に生かすことで、生徒が主体的に調べ分かろうとして学習に取り組めるようにすること。その際、課題の追求や解決の見通しをもって生徒が主体的に情報主題を活用できるようにするとともに、**情報モラル**の指導にも留意すること。

図7 指導計画の作成と内容の取扱い(2)

　この条文によれば、政治教育は教育上、尊重されなければならないものであることを確認した上で、特定の政党を支持したり、あるいは反対したりする政治教育、政治活動をしてはならないと明記されている。

　教育基本法第15条は「宗教教育」について規定する条文である。

　「第1項　宗教に関する寛容の態度、宗教に関する一般的な教養及び宗教の社会生活における地位は、教育上尊重されなければならない。

　第2項　国及び地方公共団体が設置する学校は、特定の宗教のための宗教教育、特定の宗教のための宗教教育その他宗教的活動をしてはならない。」

この条文によれば、宗教教育は教育上、尊重されなければならないものであることを確認した上で、特定の宗教のための教育、宗教的活動をしてはならないと明記されている。

●指導計画の作成と内容の取扱い

3　第2の内容の指導に当たっては、教育基本法第14条及び第15条の規定に基づき、適切に行うよう特に慎重に配慮して、政治および宗教に関する教育を行うものとする。

教育基本法第14条（政治教育）
　良識ある公民として必要な政治的教養は、教育上尊重されなければならない。
　2　法律に定める学校は、**特定**の政党を支持し、又はこれに反対するための政治教育その他**政治的活動**をしてはならない。

教育基本法第15条（宗教教育）
　宗教に関する寛容の態度、宗教に関する一般的な教養及び宗教の社会生活における地位は、教育上尊重されなければならない
　2　国及び地方公共団体が設置する学校は、特定の宗教のための宗教教育その他**宗教的活動**をしてはならない。

図8　指導計画の作成と内容の取扱い（3）

参考文献

臼井嘉一、柴田義松編『〈新版〉社会・地歴・公民科教育法』学文社、2009 年

原田智仁編『社会科教育のルネサンス』教育情報出版、2020 年

脚注

1　前掲『社会科教育のルネサンス』参照。

2　同上。

3　同上。

4　同上。

第6章 教科書検定制度と社会科教科書

第1節　教科書制度の仕組み

　教科書制度の仕組みと関わって、教科書の定義、使用義務、無償給付と給与について概説する（図1）。

　教科書とは、「小学校、中学校、義務教育学校、高等学校、中等教育学校及びこれらに準ずる学校において、教育課程の構成に応じて組織排列された教科の主たる教材として、教授の用に供せられる児童又は生徒用図書であること。文部科学大臣の検定を経たもの又は文部科学省が著作の名義を有するものであること」（「教科書の発行に関する臨時措置法）第2条1項）である。

　教科書は、授業において使用しなければならないという使用義務がある。学校教育法第34条1項には、「小学校においては、文部科学大臣の検定を経た教科用図書又は文部科学大臣が著作の名義を有する教科用図書を使用しなければならない」と明記されている。他の学校種（中学校・高校）においても、この条文を準用し、教科書の使用義務が定められている。教科書の使用義務とかかわって、「福岡伝習館高等学校訴訟」が発生している。これは、この高校の3教員が教科書を使用せず、偏向教育を行っているとして、高校側から解雇され、それを不服とする教員が高校を相手に訴訟したという事件である。この訴訟では、「教科書の使用義務」を確認する判決が出されている。

　実は、教科用図書と教科書は区別しないといけない。教科書は、教科用図書に含まれており、①文部科学大臣の検定を経た教科用図書（＝文部科学省の検定済教科書）と、②文部科学省が著作の名義を有する教科用図書（＝文部科学省著作教科書）を指している。しかし、

教科書とは、
・小学校、中学校、義務教育学校、高等学校、中等教育学校及びこれらに準ずる学校において、教育課程の構成に応じて組織排列された教科の主たる教材として、教授の用に供せられる児童又は生徒用図書であること。
・**文部科学大臣の検定を経たもの**又は**文部科学省が著作の名義を有するもの**であること。
（教科書の発行に関する臨時措置法第2条1項）

教科書の使用義務とその特例
・学校教育法第34条1項
　小学校においては、文部科学大臣の検定を経た教科用図書又は文部科学省が著作の名義を有する教科用図書を使用しなければならない。
　　　　　　　※福岡伝習館高等学校訴訟（学校教育法における教科書使用義務を肯定）

教科用図書	教科書	①文部科学大臣の検定を経た教科用図書（＝文部科学省**検定済教科書**） ②文部科学省が著作の名義を有する教科用図書（＝**文部科学省著作教科書**）

高等学校等の教科用図書の特例（学校教育法施行規則第89条等参照）
　　上記①・②がない場合には、設置者の定めるところにより、他の適切な（教科書以外の）教科用図書を使用することができる。

教科書の無償支給、給与
・国は、義務教育諸学校の児童・生徒が使用する教科用図書を購入し、義務教育諸学校の設置者に無償で給付するものとする。
・義務教育諸学校の設置者は、国から無償で給付された教科用図書を、それぞれ当該学校の校長を通じて児童・生徒に給与するものとする
（義務教育諸学校の教科用図書の無償措置に関する法律第3条、第5条1項）

図1　教科書の定義、使用義務、無償給付と給与[1]

　高校などの教科用図書には特例がある（「学校教育法施行規則」第89条など）。上記①・②の教科書がない場合には、設置者の定めるところにより、他の適切な（教科書以外）の教科用図書を使用できるという例外である。原則的には、教科書の使用義務があるが、例外もあることは押さえておきたい。

　教科書の無償給付と給与について説明する。「義務教育諸学校の教科用図書の無償措置に関する法律」第3条では、「国は、義務教育諸学校の児童・生徒が使用する教科用図書を購入し、義務教育学校の設置者に無償で給付するものとする」と規定している。これは、国が教科書を購入し、義務教育諸学校の設置者に無償で給付するということである。同法第5条1項には、「義務教育諸学校の設置者は、国から

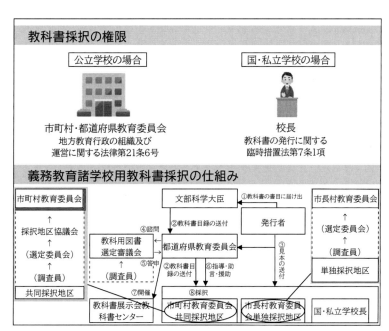

図2 教科書の採択制度[2]

無償で給付された教科用図書を、それぞれ当該学校の校長を通じて児童・生徒に給与するものとする」と規定している。小・中学生では、教科書を購入せず、無償で配布されたことを記憶している人もいるだろう。誤解が生じやすいので、付記するが、教科書の無償給付と給与は、日本国憲法第26条2項にある「義務教育は無償とする」という条文が根拠になっているのではなく、「教科書無償措置法」が根拠となっているので、注意しておきたい。

　次に、教科書の採択制度について概説する(図2)。

　教科書採択の権限は、公立の義務教育諸学校の場合、教育委員会(市町村及び都道府県)にその権限がある。「地方教育行政の組織及び運営に関する法律」第21条の6号が法的根拠である。国立や私立の義

務教育諸学校の場合、学校長に採択の権限がある。「教科書の発行に関する臨時措置法」第7条1項がその根拠にあたる。

　義務教育諸学校用教科書の採択の仕組みをチャートで示してみた。

①教科書の発行者である教科書会社が文部科学大臣に、教科書の書目に届け出る。

②文部科学大臣から都道府県教育委員会に教科書の目録が送付され、都道府県教育委員会から市町村教育委員会にやはり教科書の目録が送付される。

③発行者から都道府県教育委員会、市町村教育委員会に教科書の見本が送付される。同時に、国立や私立学校にも見本が送付される。

④都道府県教育委員会は、任命権者ごとにある教科用図書選定審議会にどの教科書を採択したらよいか諮問を行う。

⑤その諮問に対して教科用図書選定審議会は答申を出す。

⑥答申に基づいて、都道府県教育委員会は、市町村教育委員会に指導・助言・援助を行う。

⑦都道府県教育委員会は、教科書センターにおいて、一般市民向けに、教科書の展示会を開催する。

⑧市町村教育委員会で採択する際、共同採択地区と単独採択地区がある。共同採択地区は、小規模な市町村が共同で採択する仕組みである。共同採択地区の場合、調査員が教科書を調査し、選定委員会を開き、原案をもとに採択地区協議会において採択が決定される。単独採択地区の場合、採択地区協議会はなく、選定委員会の原案をもとに市町村教育委員会で採択する。

　教科書検定制度について概説する（図3）。

　義務教育諸学校の教科書は原則として4年ごとに、高校は毎年採択替えを行う。

教科書は、通常、4年ごとに改訂の機会があり、大幅な内容の更新を行う。その度、教科書検定を実施する。教科書検定制度をチャートで示す。

①教科書会社による原稿段階の教科書である白表紙本を作成し、文部科学省に申請する。

②文部科学省の教科書調査官及び教科用図書検定調査審議会委員による調査を行う。調査の結果は、教科用図書検定調査審議会に報告される。

③審議会では，それぞれの種目ごとに委員が自らの調査に加えて、報告された調査結果も参考にして、現行学習指導要領への準拠性、児童生徒の発達段階への適応性、教材の客観性・公平性・中立性、内容の正確性など慎重に審議し、合否の判定を行う。

④・⑤・⑥教科書会社は審査意見に基づいて修正し、修正されたものを審議会で再度調査し、合否の判定を行う。

　教科書検定制度の目的について文部科学省は、「教科書の著作・編集を民間に委ねることにより、著作者の創意工夫に期待するとともに、検定を行うことにより、適切な教科書を確保することをねらいとして設けられているものである」と説明している（文部科学省Webページより）。

　この教科書検定は、実は戦前の日本にも存在していた制度である。教科書検定制度は1886年にはじめて導入された。しかし、1903年には、文部省（当時）が作成した教科書の使用を義務付ける国定教科書制度が採用され、制度が変更された。この制度変更の背景には、教科書疑獄事件という教科書会社と師範学校長や小学校校長との間での収賄事件が直接的な契機となったと言われている。

教科書検定の流れ

教科書会社による原稿段階の教科書（**白表紙本**）

↓

文部科学省の**教科書調査官**による調査

↓

教科用図書検定調査審議会の審査

審査の観点
① **学習指導要領**への準拠性
② 児童生徒の発達段階への適応性
③ 教材の客観性・公平性・中立性
④ 内容の正確性

↓

教科書会社が修正

↓

審議会が再度調査

↓

合否判断

図 3　教科書検定の流れ[3]

　国定教科書制度は戦後に入って廃止され、1947 年から現行制度である教科書検定制度の運用が始まった。

第 2 節　学習指導要領・教科書をめぐる裁判

　教育課程や教科書に関する仕組みが整っていれば、何も問題は起きないのだろうか。答えは否である。

　であるとするならば、なぜ・どのような問題が起きるのだろうか。こうしたことを考えるため、まずは学習指導要領や教科書をめぐる日本国内の重要な判例を 2 つ紹介しよう。これらの判例を通して、制度は絶対ではなく、その制度の運用の仕方をめぐって常に紛争が繰り返されるということを学習する。

1）学習指導要領の法的拘束力をめぐる司法判断──伝習館高校裁判──

　学校で学ぶ内容は、学校教育法施行規則第 52 条などに定められているように、学習指導要領によって具体的に規定されている。しかし、実はこの学習指導要領に法的な拘束力があるのかどうかは、論争的であった。というのも、①学習指導要領は 1947 年 3 月にはじめて出されたときには「試案」と表記されていたこと、②1948 年に公布された教育委員会法（1956 年に廃止され、新たに「地方教育行政の組織及び運営に関する法律」が制定）では、「教科内容及びその取扱に関すること」「教科用図書の採択に関すること」は、時期が来れば地方の自主性に委ねられることになっていたからである。

　しかし 1956 年に『高等学校学習指導要領一般編』『各教科編』の改訂版が発表されたときに、その表紙から「試案」の文字が削除された。また、1958 年の小・中学校の学習指導要領の改訂から、学習指導要領が『官報』に告示されるようになったために法的拘束力を持つという説明が、主に文部省側からなされるに至った。学習指導要領が法的拘束力をもつか否かに関しては様々な論争が起きたが、実際には司法判断によってその法的拘束力が確定する形となった。

　学習指導要領の法的拘束力に関して争われた最も重要な判例は、伝習館高校裁判である。伝習館高校事件の概要は次のとおりである。1970 年に、福岡県立伝習館高校の社会科教諭であった 3 教員が、担当教科において教科書使用義務に違反し、「偏向教育」を行ったとして懲戒免職処分を受けたことに伴い、この 3 教員が処分取り消しを求めて起こした。この訴訟の最大の争点は、教科書使用義務の根拠となっている学習指導要領の法的拘束力についてであった。つまり、学習指導要領は教員の教育活動が違法か適法かを判断する根拠となりうるのかどうかという点が争われたのである。

　この訴訟の結果、1990 年の上告審判決（最高裁）において、教科書

使用義務の根拠となる学習指導要領の法規性が認められるとともに、処分者である福岡県教育委員会の裁量権限が広く解釈され、これらの教員の処分は違法ではないという判決が下された。（第一審判決では教科書使用義務を「肯定することはできず」、教科書の性質を限定的にとらえた判決となった。一方で第二審判決では教科書使用義務は認めているものの、学習指導要領の趣旨に沿っていれば、教科書を直接使用することなく授業を行うことは許されると述べている。一審、二審では教員2名の処分を取り消す判決が下されている。）

　ただし最高裁判決が、指導計画において検定教科書全体を子どもたちに教育することを前提とすれば、教員は学習指導要領に従いつつ、学問的見地から子どもたちの成長発達に対応して自由に授業を組み立てることができるとも述べていることには注意が必要である。つまり、教科書以上でもなく以下でもないような教育をするのではなく、教科書使用を前提とすれば、教員の教育実践における創意工夫は認められるということになろう。

2）教科書検定制度に関する司法判断――家永教科書裁判――

　また「教科書裁判」と呼ばれる、歴史学者であった家永三郎が国・文部省を相手取り起こした教科書検定制度に対する裁判は、教科書に関わる制度を考える際には避けては通れない訴訟である。この教科書裁判は、第一次訴訟から第三次訴訟まで、32年間という長期にわたって争われた。

　この訴訟のきっかけとなったのは、家永三郎が執筆した高校日本史の教科書が検定不合格となったことであった。第一次訴訟（1965年6月提訴）では、教科書検定制度が憲法の禁ずる検閲にあたると訴えた（国家賠償請求の民事訴訟）。第一次訴訟の最高裁判決では、教科書検定はその基準も含め、必要かつ合理的範囲を超えていないという判決

が出され、結審した。

　第二次訴訟（1967 年 6 月提訴）は、教科書検定の不合格処分取り消しを求めて行った行政訴訟である。この第二次訴訟での東京地裁判決（杉本判決）では、第二次訴訟で訴えられた不合格処分について、憲法 21 条と旧教育基本法 10 条に違反するとして家永側の全面勝訴となった。つまり、教科書検定制度自体は違憲ではないが、家永教科書に対する検定は検閲であり、教育内容への不当な介入であったと判断されたのである。

　しかし第二次訴訟の最高裁における裁判中に学習指導要領が改定されたため、最高裁において、裁判中に学習指導要領が改訂されたため、家永側に「訴えの利益」があるかどうかが疑問視され高裁に差し戻された。そして高裁では家永側の「訴えの利益」がないと判断され、門前払いとなった。

　第三次訴訟も第一次訴訟同様、教科書検定制度に対する国家賠償請求の民事訴訟である。第三次訴訟では教科書検定の内容について 8 か所が争点となり、結局は合計 4 か所について国・文部省の裁量権限の濫用があったとして、違法であるという判決が下されている。

　以上述べてきたように、三次にわたる裁判において、検定制度の合憲性は支持されたものの、部分的に家永の訴えは認められている。つまり、教科書検定制度自体が合憲であったとしても、その運用が恣意的であれば、教育内容への不当な介入や教育の政治的中立性が侵害される可能性が十分にあるということであろう。

　家永教科書裁判はその一連の訴訟において、教科書検定制度や具体的な検定処分に対する判断を確定しただけでなく、教育の自由や表現の自由、学問の自由に関しても争われ、司法判断がなされたという点で重要な訴訟である。

　以上、伝習館高校裁判と家永教科書裁判を通して、教科書制度を運

用する際にはその都度、訴訟を通じて制度の性格や国・文部省・教育行政当局の裁量権限の範囲が確認されてきたことが確認できただろう。制度の運用をめぐって先人たちが異議申し立てをし、教科書制度運用の問題点を浮き彫りにしてきたからこそ、現在の教科書制度に関してはある程度の自由が獲得できたのである。

第3節　歴史教科書をめぐる問題

　ところで、教科書に書いてあることは絶対的な真理なのであろうか。この答えも否である。教科書制度だけでなく、教科書の内容もまた、外部環境（主として政治状況）の影響を受けざるを得ない側面がある。

　それは歴史教科書問題に端的に表れている。歴史教科書問題とは、歴史を扱った教科書の中の歴史認識や解釈をめぐって様々な関係者や関係国の間で起きる議論や衝突のことである。

　そこで本節では主として、日本や海外で生じた歴史教科書問題の概要を説明することを通して、教科書と政治について考えてみてほしい（図4）。

1)「うれうべき教科書」問題

　「うれうべき教科書」問題とは、1955年8月から11月にかけて日本民主党（現在の自由民主党の前身の一つ）が刊行した『うれうべき教科書の問題』というパンフレットにおいて、当時のいくつかの小学校社会科教科書の内容が「偏向」していると批判された事件である。このパンフレットは、同年7月の第23回通常国会の行政監察特別委員会で、もっと教科書を安くできないかという意味の教科書問題が取り上げられていた際、石井一朝証人が「偏向教育（の）可能性をはらんだ教科書、これが目下盛んに売り出しつつある」といい始めたことに端を発している。

	教科書検定をめぐる動き
1947年	教育基本法、学校教育法公布。教科書検定制度を採用（翌年実施）
1955年	日本民主党（自民党の前身）が「**うれうべき教科書の問題**」を発行。
1956年	文部省令で**教科書調査官**を置く。
1965年	高校用の日本史を執筆した**家永三郎**（東京教育大学教授）が第1次訴訟を提起。第3次訴訟が1997年に確定するまで続く。
1970年	第2次家永訴訟で東京地裁が不合格処分を違憲と判決
1977年	検定手続きが明文化され、不合格への救済措置が設けられる
1982年	日中戦争などに関した「**侵略**」という記述の削除が、近隣諸国との外交問題に発展。検定基準に「**近隣諸国条項**」が入る。（**第一次教科書問題**）
1986年	保守的な立場から執筆された「新編日本史」の検定で、中国と韓国が批判。修正を経て合格。（**第二次教科書問題**）
1989年	検定の手続きを簡素化し、修正意見と改善意見を検定意見に一本化
1998年	教科用図書検定調査審議会（検定審）が検定意見の文書化を建議
2001年	保守的な立場から執筆された「新しい歴史教科書をつくる会」の中学校用の教科書が合格。中国、韓国が修正を求め、文科省は一部を認めるも大半は退ける。
2007年	沖縄戦の「**集団自決**」をめぐり、高校日本史教科書の検定で「**日本軍の強制**」が削除された問題で「集団自決」に関する検定意見の撤回を求める沖縄県議会の決議などを受けて、教科書会社が訂正申請。一部修正を経て承認される。

図 4　教科書をめぐる動き

　この石井証人の証言をもとに日本民主党のパンフレットは作成され、主として日本教職員組合（日教組）と関わりのあった学者が執筆を担当した社会科の教科書が批判された。しかしこのパンフレットでやり玉に挙げられた教科書はいずれも、民主主義や平和主義の精神にあふれたものとして好評を博していたものであったため、直ちに学会や教育界から反論や抗議声明が出されている。

　この問題が起きる前の 1954 年には、教育二法によって教員の政治的中立性確保の名のもと、教員の政治的な活動が制限されるという状況が起きている。この教育二法の際にもその論拠となったのは、教育

現場が日本共産党の思想に非常に近い「偏向教育」を行っているというものであった。この教育二法の問題も、「うれうべき教科書」の問題も、当時激化する冷戦構造を反映している。つまり、文部省対日教組の対立とよばれたように、教育を舞台として左右両陣営が激しく対立するような状況が生じていたのである。こうした政治的な背景のもと、いくつかの歴史教科書が「うれうべき教科書」のレッテルを張られ、政治の舞台に引きずり出された。

2）教科書誤報事件

　教科書誤報事件とは、1982年6月26日に大手新聞社やテレビ各局が、高等学校日本史の教科書の記述について、文部省が教科書検定で「華北へ侵略」を「華北に進出」に変えさせたとする報道を一斉に行ったことに端を発した事件である。結局この報道は誤報であったが、一連の報道により日本の外交・内政に混乱が生じた。教科書誤報事件は第一次教科書問題とも呼ばれる。

　この事件を収束させるために当時の鈴木善幸内閣の官房長官だった宮澤喜一は、『「歴史教科書」に関する宮澤喜一内閣官房長官談話（宮沢談話）』を出した。この事件がきっかけで、その後教科書の執筆や検定にあたっては、近隣諸国に配慮するという「近隣諸国条項」が、教科用図書検定規則に基づいて定められている義務教育諸学校教科用図書基準と高等学校教科用図書検定基準に盛り込まれたという。

3）第二次教科書問題

　第二の教科書問題は1986年に起きた。この事件の発端は、「日本を守る国民会議」（現在の「日本会議」）が編集した『新編日本史』の記述について、5月24日の『朝日新聞』に「今なぜこんな教科書を」と報道されたことをきっかけに、中韓両国が当該の教科書に反発したこ

とであった。この『新編日本史』の記述は天皇中心の記述が多く、天皇の人間宣言が記述されていない等の問題が指摘されている。

　中韓両政府の抗議に対して当時の内閣総理大臣であった中曽根康弘や文部省は素早く対応を行い、5月27日には異例の再審議が行われた。結局この教科書は検定に合格したものの、採択率は低かった。

4)「新しい歴史教科書をつくる会」と従軍慰安婦の記述

　2001年4月に、「新しい歴史教科書をつくる会」(以下、「つくる会」)の教科書が検定に合格し、扶桑社から出版された。つくる会の歴史教科書が教科書検定に合格したことは、教育界だけではなく、日本社会や日本の周辺諸国にとっても衝撃的なニュースであった。

　そもそもつくる会とはいかなる組織なのか。つくる会は1996年に、従来の歴史教科書は「自虐史観」の影響を強く受けているとし、自由主義史観に基づき、新たな歴史教科書を執筆するという目的をもって結成された。つまりつくる会の認識としては、従来の歴史教科書は「東京裁判史観」や「社会主義幻想史観」であり、これを克服する教科書を作成しなくてはならないという。つくる会の歴史教科書の記述が神話から始まることは有名である。

　こうした歴史認識をもつ団体が作成する歴史教科書に対しては、中韓両国から懸念が示されただけではなく、日本国内でも戦前の軍国主義の肯定である等の理由から反対運動が活発に行われた。また、神話から始まる歴史認識や、歴史的な事実を踏まえていない等という教科書の内容に関する批判も挙げられた。なお、つくる会の教科書も採択率は低かったと言われている（当初は1％弱～2％弱ほどであったと言われている）。

　ところで、2000年9月の各紙報道によれば2002年度から使用される中学校歴史教科書の検定申請本から従軍慰安婦の記述がほとんど

消え、戦争や加害に関する記述も大幅に減った。この背景には 1997 年 1 月に「つくる会」が文部大臣と会見した際や、同年 7 月に「日本会議」が橋本龍太郎首相（当時）に対し、中学校歴史教科書から従軍慰安婦の記述を削除することを求めたためであるという見解もある（別枝、2002）。

5）ドイツの歴史教科書問題

　日本同様、近隣諸国との歴史教科書問題を抱える国としてドイツが挙げられる。周知のように、ナチスドイツは第二次世界大戦時にポーランドやフランスに侵攻し、両国に甚大な被害を与えた。そうした理由からドイツでも、被害側と加害側との間の歴史認識をめぐる問題が近隣諸国との間に存在しており、教科書の記述をめぐってそうした歴史認識の違いが顕在化する場面があった。

　こうした状況に対してドイツ・フランス両国は、2003 年から独仏共通歴史教科書を作成するという興味深いプロジェクトを行っている。この共通教科書の面白いところは、両国や歴史家の間で論争的なテーマに関しては、その対立点を明確にして、両方の意見や根拠を記述しているところである。

　このプロジェクトに関しては、ドイツ・フランス両国で採択率が低いことや、この教科書に対応した教育課程基準や大学入試資格試験制度の改訂が行われなかった等の課題が挙げられている。しかしこうした取り組みは、近藤（2003）が指摘しているように、「『民族の讃歌』に陥りがちな歴史を他者の目を通して検証するという教育的課題」への一つの解となる点で、面白い取り組みといえよう。

　以上、第 3 節で論じてきたように、教科書の記述は絶対的な真理ではない。特に歴史教科書のような、政治や社会の影響を受け世界観が

揺さぶられる教科の教科書については、その内容が時には厳しく糾弾される場合がありうる。各国を巻き込んだ、歴史認識を教科書にどう記述するかという問題については、ドイツ・フランス両国の取り組みのような解決方法も考えられる。すなわち、歴史認識において対立する両者が協力し、どちらか一方の世界観だけを記述するのではない教科書を作成するというものである。学校で学ぶ教科教育はともすれば教科書に記述されていることが絶対的な真理であるかのように感じさせてしまう場合がありうるが、こうした取り組みはそうした教科教育の持つ課題点をも克服しうる可能性があるだろう。

第4節　社会科教科書における領土問題

　社会科教科書における領土問題について概説する（図5）。社会科教科書で扱う領土問題（図6）では、近年、近隣諸国と政治的・外交的な争点になっている内容について、学習指導要領では、「政府見解」を教えるようになっている。「政府見解」とは、日本政府の立場の表明である。

	学校種	領土問題に関する記述
1989年	中学校	学習指導要領で**北方領土**を「**固有の領土**」として取り扱うよう求める
2006年		**教育基本法**を59年ぶりに改正。「**愛国心**」盛り込む。
2008年	中学校	学習指導要領「**解説**」で**竹島**をめぐり、「**韓国と主張の相違がある**」と明記
	小学校	「解説」で北方領土を「固有の領土」と明記
2014年 一部改正	小中高	**教科書検定基準**で「**近現代史で通説がない場合は、政府見解を記載**させる」と明記
	中高	「解説」で**北方領土、竹島、尖閣諸島**を「**固有の領土**」と明記
2017年	小学校	**学習指導要領**で北方領土、竹島、尖閣諸島を「固有の領土」として取り扱うように求める。
2018年	高校	**学習指導要領**で北方領土、竹島、尖閣諸島を「固有の領土」として取り扱うように求める。

図5　社会科教科書における領土問題

1989 年に、中学校社会科の学習指導要領で、北方領土を「固有の領土」として取り扱うことが明記された。北方領土は、日本とロシアとの間で領有権を巡って対立が生じている。日本政府は、択捉、国後、色丹の 3 島と歯舞群島の北方領土は、第二次大戦末期にソ連が占領し、今もロシアが不法占拠（実効支配）しているという立場を取っている。

　2006 年 12 月、第一次安倍晋三内閣において、「教育基本法」が 59年ぶりに改正され、いわゆる「愛国心条項」が盛り込まれた。

　2008 年の学習指導要領改訂では、中学校社会科学習指導要領の「解説」で竹島をめぐって、「韓国と主張の相違がある」ことが明記された。竹島は、日本と韓国との間で領有権を巡って対立が生じている。竹島は、1905 年、日本政府の閣議決定を受け、島根県知事が竹島を県所属とする告示を出したことが、日本の領土と主張する根拠になっている。日本の韓国への植民地支配の過去と関係する「歴史認識の問題」として対立が深まっている。1952 年、韓国が竹島を取り込んで公海上に線引きし、漁業管轄権を主張し、その後も武装要員を常駐させるなど、竹島を実効支配している。日本では「領土問題」、韓国では「歴史認識の問題」と受け止められ、より複雑になっている。また、2008年の学習指導要領改訂では、小学校社会科の「解説」では、北方領土を「固有の領土」と明記した。

　2014 年、小・中学校社会科、高校地歴科では学習指導要領が一部改正された。

　小・中・高に共通する改訂内容としては、教科書検定基準において、「近現代史で通説がない場合は、政府見解を記載させる」と明記されたことである。日本政府と近隣諸国とで、領土問題に関する見解が異なることがあるが、その場合には、日本政府の見解を小・中学校社会科・高校地歴では教えることが強調されたわけである。中学校社会科、高校地歴科では、「解説」において、北方領土、竹島、尖閣諸島を「固

有の領土」と明記した。尖閣諸島は、日本と中国、台湾との間で領有権を巡って対立が生じている。尖閣諸島は無人島で、1895 年、日本政府が閣議決定で正式に日本の領土として沖縄県に編入した。1952 年、サンフランシス平和条約発効後、米軍統治下に置かれる。72 年、沖縄県が日本に返還され、尖閣諸島が日本に戻ってきた。尖閣諸島近くの海底に石油資源が埋まっている可能性が指摘された 70 年代以後、中国は資源を目当てに領土の訴えを始めたという見方が強い。2000 年代に入ると、中国の活動家が上陸、逮捕され、強制送還になる事件が発生している。2010 年には尖閣諸島沖で中国漁船が海上保安庁の船と衝突する事件が発生し、日中関係が「最悪」と表現されるなど冷え込んだ。台湾も「中華民国政府」として尖閣諸島の領有権を 71 年以来、主張している。

　2017 年、小学校社会科の現行学習指導要領では、北方領土、竹島、尖閣諸島を「固有の領土」として取り扱うように求めている。2018 年、高校地歴科の現行学習指導要領においても同様に、「固有の領土」として取り扱うよう求めている。

　以上、社会科教科書における領土問題を概説してきた。領土を巡る問題は、各国のナショナリズムや利害が衝突し合い、外交上の摩擦の要因になる。児童・生徒が日本の主張を知ることは大切である、しかし、「政府見解」だけ教え、学んでも領土問題の現実は見えて来ない。なぜなら、授業で「領土問題は存在しない」と教えても、近隣諸国からの領海・領空侵入という現実はなくならないからだ。社会科において、領土問題をどのように教え、考えていくかということが問われているのである。

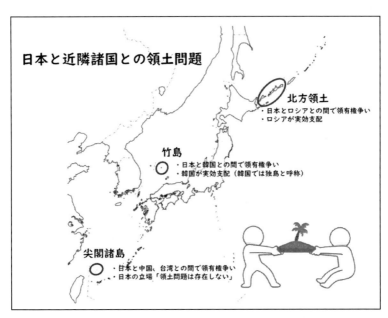

図 6　日本と近隣諸国との領土問題

参考文献

唐澤富太郎『教科書の歴史』創文社、1956 年

近藤孝弘「独仏共通歴史教科書を東アジアで読む」『歴史書通信』(3) No.206、歴史書懇話会、2013 年、2−5 頁

別枝行夫「日本の歴史認識と東アジア外交−教科書問題の政治過程」『北東アジア研究』(3)、2002 年、131−149 頁

文部科学省ウェブページ　教科書検定制度について（2022 年 11 月 30 日最終閲覧）http://www.mext.go.jp/b_menu/shingi/tosho/003/gijiroku/08052214/001.htm

文部科学省ウェブページ　教科書採択の方法（2022 年 11 月 30 日最終閲覧）http://www.mext.go.jp/a_menu/shotou/kyoukasho/gaiyou/04060901/1235091.htm

内閣官房　領土主権対策企画調整室ウェブページ（2022 年 11 月 30 日最終閲覧）https://www.cas.go.jp/jp/ryodo/index.html

脚注

1　文部科学省ウェブページ　教科書とは（2022 年 11 月 30 日最終閲覧）https://www.mext.go.jp/a_menu/shotou/kyoukasho/gaiyou/04060901/1235086.htm

　　文部科学省ウェブページ　教科書無償給与制度（2022 年 11 月 30 日最終閲覧）https://www.mext.go.jp/a_menu/shotou/kyoukasho/gaiyou/04060901/1235098.htm

2　文部科学省ウェブページ　教科書採択の方法（2022 年 11 月 30 日最終閲覧）https://www.mext.go.jp/a_menu/shotou/kyoukasho/gaiyou/04060901.htm

3　文部科学省ウェブページ　教科書Ｑ＆Ａ（2022 年 11 月 30 日最終閲覧）https://www.mext.go.jp/a_menu/shotou/kyoukasho/010301.htm。

第7章 社会科の授業をデザインしよう

第1節 学習指導案とは何か

1)学習指導案について

(1)学習指導案とは何か

　教育実習や学校現場における研究授業において必ずと言っても必要なものは、「学習指導案（以下、指導案とする）」である。指導案とは、学習指導要領やその学校の教育課程に基づいて、年間の学習指導計画や単元計画などに沿って具体的な授業の流れを記載したものである。そこには、子供たちの現状を踏まえて設定した学習目標をはじめとして、学習に使用する教材、授業の流れ・展開、時間配分、発問内容など教授方法など授業に必要な事項が網羅されており、授業という舞台の「シナリオ」のようなものといえよう。

　指導案は、形式・書式は特に決まっていないものの、表を用いてまとめた指導案が多い。また大学の付属学校や研究指定を受けている学校をはじめとしてその学校独自の形式・書式フォーマットを定めている場合もある。また同じ科目の教師間でもその教師の出身大学や所属する教科研究会の違いによって異なることもある。

(2)学習指導案と授業の関係

　さて、あなたが中学生のときに受けた授業において、教師は指導案を見ながら授業を行っていただろうか。知人の教師に聞いたところ日常の授業において指導案を作成することは少なく、公開授業や研究会の際には作成するという。それではなぜその際に指導案を作成するのか。これは当該授業案であるが、指導案を通して第三者に提示するこ

とで、授業後に振り返り、授業をよくするための検討材料として用いるためであろう。

　指導案が詳細に記載されていることは望ましいことではある。しかし、留意すべきことは、指導案を作成することが目的ではないことである。授業は目の前の生徒とともに築き上げていくものであり、指導案は授業の「シナリオ」であることから、シナリオ通りいくこともあれば、行かないこともある。同じ発問をしても生徒が異なれば反応も異なる。つまり、対象の生徒が異なるため、1年1組の指導案と2組の指導案は異なるものでなければならない。

　また、指導案に固執しすぎれば、時に授業が崩壊してしまうこともある。そのため生徒に応じて臨機応変に対応する必要がある。しかしながら、臨機応変さを求められるということは、指導案がうまく作成できていないことを意味し、それは、教材研究や生徒観の分析が不十分ということであろう。

第2節　学習指導案の作り方

1）学習指導案の作り方
（1）指導案に書かなければならないこと

　先に述べたように、指導案には、形式・書式は特に決まっていない。しかし指導案に書かなければならない項目は、形式例にあるようにいくつかある。記載しなければならない項目は、次の内容である。

　具体的な指導案のサンプルを提示した。これを参考に指導案の作成に活用していただきたい。

　また、教育実習や研究授業において指導案に書くべき事項が異なるので、気を付ける必要がある。例えば、教育実習では授業者名に加え、指導教諭名を記載することや板書案を記載することもある。

①授業実施日時・学級（生徒数）・場所・授業者名

②単元（題材）[1]名や使用教科書

③単元の目標

④単元（題材）設定の理由（教材観や生徒観を含む）

⑤単元（題材）の指導計画と評価

⑥本時の学習指導（本時の目標や展開など）

（2）教材研究

　指導案作成において前提になるのは、十分に行われた教材研究である。教材研究は、年間指導計画や単元計画の作成の際にも重要な事項である。そのため、授業の準備段階において綿密な教材研究を行うことが求められる。

　中学校と高等学校では、教科担任制を前提とした中で、教科内容も高度化していく。あわせて子供たちの心身の発達や地域性など幅広い視点をもった教材研究が必要であり、指導法の検討も含め十分な教材研究をしておかなければならない。つまり、教材研究を行い担当する教科内容について、教科（社会科）の専門家として必要な知識・技能を習得していることが求められている。

　また教師が知識を伝達しただけでは授業にはならない。子供たちが何を身につけたが重要であり、身につくことで授業が成立する。そのため、教材研究ばかりに没頭するのではなく、生徒の様子を考慮した授業の指導法の検討も教材研究と合わせて重要な事項である。

（3）単元の目標

　授業を行う際、その授業、単元の目標を明らかに明示することが必要である。加えて、その目標を達成されるために授業のポイント、山

場を設定しておく必要がある。

　目標は、学習指導要領を踏まえて、社会科・各分野の特性に応じた評価の観点を設定しなければならない。具体的に評価の観点として、下記の３つがあげられており、「知識・技能」「思考・判断・表現」「主体的に学習に取り組む態度」である。つまり、授業の導入、展開、まとめに至るプロセスを考慮して授業の目標を設定する必要がある。

(4)教育方法と教材開発

　さて、目標が設定されたところで、その目標を達成するための教材を探すことになる。教科書は教材の一つであり、必ず依拠しなければならない基本的な教材である。

　しかし、ただ教科書の範囲を読めばいいのというものではない。資料の掲示とそのタイミングや教師からの発問があって、授業が成立する。したがって、教材をどのように用いたり活用したりするかという教育方法を考案しなければならない。

　加えて、教材開発も重要である。これは広く教育方法も含んだものということができる。プリント学習を用いた場合、どのような意図で空欄を設定するのかなど、目標を達成するために必要な教材開発であろう。

　ここで実物教材について紹介しておく。

　例えば、「為替」に関する授業を行う際に、どのようにして子供たちの興味関心を引き付けることができるだろうか。「為替」に関する文字資料は、教科書や資料集などがあるので、この段階で理解できる生徒もいる。

　ただし、子供たちの興味・関心を最大限引き出そうと試みるのであれば、日本の紙幣や硬貨と海外の紙幣や硬貨を用いたりすることも効果的な教育方法及び教材開発である。

　このほかにも、「情報社会」の分野では、スマートフォンとガラケ

一（ガラパゴス携帯）を実際に提示し、子供たちが触れたりすることで文字資料よりもはるかに直接的かつ具体的な学習経験を学習者にもたらすであろう。

社会科（〇〇的分野）学習指導案

授業者　〇〇〇〇　印

1. 日時　令和〇〇（20〇〇）年〇月〇日（〇）第〇校時
2. 場所　〇〇市立〇〇中学校　〇年〇組（男子〇名　女子〇名　計〇名）
3. 単元（題材）名　〇〇〇〇〇
　　　　　教科書：『〇〇〇』（〇〇出版社）pp.〇〇〜〇〇
4. 単元の目標
　　(1)・・・・・・・・・・・・・・
　　(2)・・・・・・・・・・・・・・
　　(3)・・・・・・・・・・・・・・
5. 単元設定の理由
　　(1)教材観　・・・・・・・・・・・・・
　　(2)子供観（生徒観）・・・・・・・・・・・・・
6. 単元の指導計画と評価（〇時間扱い）
　　(1)指導計画
　　　　①・・・・・・・・・・・・・・・・・（本時）
　　　　②・・・・・・・・・・・・・・・・
　　　　③・・・・・・・・・・・・・・・・
　　(2)単元の評価

評価の観点	単元の指導目標と評価基準	評価の方法
①知識・技能	・・・・・・・・・・・・・・・	・・・・・・・・・・・・
②思考・判断・表現	・・・・・・・・・・・・・・・	・・・・・・・・・・・・
③主体的に学習に取り組む態度	・・・・・・・・・・・・・・・	・・・・・・・・・・・・

5. 本時の学習指導
　　(1)本時の目標
　　　　①・・・・・・・・・・・・
　　　　②・・・・・・・・・・・・
　　(2)本時の評価
　　　　①・・・・・・・・・・・・
　　　　②・・・・・・・・・・・・
　　(3)本時の展開

	時間	学習活動	指導上の留意点
導入	〇分	・・・・・・・・・・・・	・・・・・・・・・・・・
展開	〇分	・・・・・・・・・・・・	・・・・・・・・・・・・
まとめ	〇分	・・・・・・・・・・・・	・・・・・・・・・・・・

表1　指導案のサンプル

2）学習指導案作成の手順
(1)指導案を書く前に

　指導案を作成することは、授業づくりをすることでもある。つまり、単元目標と教材・教具と子供たちの関係を考慮したうえで、授業の流れの構想し、かつ授業展開をシミュレーションする必要がある。

　以下、指導案を作成する際のポイントや注意事項を述べる。加えて、項目ごとに、各県の教育センターなどのホームページに掲載されている指導案より一部抜粋してサンプルを掲載している。

(2)具体的に何を記載するのか
①授業実施日時・学級（生徒数）・場所・授業者名

　　授業実施日時は、元号で記載することが原則である。時間の記載については、「第○時限」などと記載されるが、「午前○時○分～○時○分」と記載すると親切である。

　　学級（生徒数）や場所も正確かつ後日特定が可能なように記載する。特に通常の教室ではなく屋外や特別教室を使用した場合には必ず記述したほうがよい。

　　授業者については、自身の氏名を記載したうえで捺印するのが常である。ただし、教育実習の場合には「教育実習生　○○○○　印」と記述し、1行下にあわせて「指導教諭　○○○○　印」とすることが多い。

②単元名や使用教科書

　　単元名は、その時間の学習内容が分かるように記載する必要がある。あわせて、生徒らが授業に引き付けられるような単元（題材）名となるよう留意したほうが良く、教科書の項目との対応も必要であろう。

使用教科書については、教科書をはじめ出版社、当該ページまで記載する。その方が後日さかのぼって振り返るために有効である。

③単元の目標

単元の目標は、教科の目標に照らして、単元設定の理由に記述した単元全体を通しての考えや教材観を具体化したものである。

記述の体裁は、文章にまとめる形式や①、②というような箇条書きに記述するなど様々である。ただし、目標には「知識・技能」「思考・判断・表現」「主体的に学習に取り組む態度」の３つの観点を含んでいることが一般的である。そのため、箇条書きの場合には「知識・技能」、「思考・判断・表現」などと記載することが多い。また評価の観点の数や内容は様々である。

例：6節　東北地方──伝統的な生活や文化を守り育てる人々のくらし──

（1）東北地方の地域的特色に対する関心を高め，それを意欲的に追究し，とらえようとする。【社会的事象への関心・意欲・態度】

（2）東北地方の地域的特色を，生活・文化を中核とした考察の仕方を基に多面的・多角的に考察し，その過程や結果を適切に表現することができる。【社会的な思考・判断・表現】

（3）東北地方の地域的特色に関する様々なから，有用な情報を適切に選択して，読み取ったり図表などにまとめたりすることができる。【資料活用の技能】

（4）東北地方について，生活・文化を中核とした考察の仕方を基に地域的特色を理解し，その知識を身に付けることができる。【社会的事象についての知識・理解】

出典：岩手県立総合教育センターより（2015年度・中学2年）

---

④単元設定の理由（教材観や生徒観を含む）

単元設定の理由は、教材研究の成果をもとに記載する。しかし、ただ教材研究の成果を記述すればよいというものではない。授業を受ける生徒たちの状況を考慮する必要があるのだ。

例えば、子供たちの学習状況（前の学年での学習成果など）や子供たちを取り巻く環境（地域性など）によって、授業の難易度や取り扱う範囲も変化する。加えて、子供たちの興味・関心や課題も考慮して記述できると望ましい。

　以下、教材観と生徒観について具体的にどのような事項を記述していくのか提示していく。

○教材観

　単元で取り扱う教材について、その意義・価値やねらい・目的を記述し、内容の範囲や単元構成なども簡潔に記述する必要がある。

　例えば、取り扱う教材が社会科（教科）という枠の中で、どのような位置づけなのか、教科内容の系統の中における位置づけを明確にしなければならない。加えて、他教科でどのような学習が行われているかを考慮する必要もあるだろう。これは、複数の学問領域を包括する社会科の授業づくりには不可欠である。

　また、設定した教材のオリジナリティや独自性とほかの教材との関係性や関連を記述していく必要がある。このとき、授業者が行った教材研究と授業者が持つ教育観が反映されるのである。

例：日清・日露戦争と近代産業

（1）教材について

　本単元は，学習指導要領の内容（5）ウ，エを受けて設定した。ここでは，欧米諸国の帝国主義の中，日清・日露戦争，条約改正，日本の産業革命，国民生活の変化，学問・芸術等の発展などの学習を通して，日本の国際的地位が向上したことや近代産業の発展と近代文化が形成されたことを理解させることをねらいとしている。

出典：茨城県教育研修センターより（2016 年度・中学 2 年）

○生徒観

　授業は、「学習者」である生徒を対象に行われるものである。そのため、生徒の実態や状況に合わせた授業を作る必要がある。

つまり、生徒の状況に合わせた授業づくりができることが授業成立の鍵となるのである。

　生徒の学習状況や経験、生活状況など教科や教材とのかかわり、関係性を生徒の実態に応じて具体的に記述する。

　具体的には、生徒にとってこの単元や教材はどのような意味を持っているか、またどのような活動が期待されるのか、どのような能力、資質を育むことが期待されるのかなどを記述していく。

　もちろん、記述していく際には、普段の学校や当該学級の全般的な状況や個々の生徒の実態・状況などを把握しておく必要がある。それでは、どのようにして生徒の実態を探ることがよいだろうか。例えば、生徒対象に実施した事前アンケートや授業を行うクラスの参与観察を通して実態調査を行うこともあれば、加えてノートなどに書かれた学習に関する感想、中間・期末考査などを活用することも可能であろう。

例：日清・日露戦争と近代産業

（2）生徒の実態について（平成●年●月●日実施）

本学級の生徒に歴史的事象の意味を考える力について実態調査を行った。明治政府の収入の移り変わり，江戸時代の年貢の収納高，江戸幕府の三大改革の資料を基に，地租改正の意味を考える問題では，資料を読みとることのできた生徒は●人であった。また，三つの資料を関連付けて地租改正の意味を考えて記述している生徒は●人であった。このことから，資料を読むことはできるが，読み取った情報を，関連付けて考えることができていないことが分かった。

出典：茨城県教育研修センターより（2016年度・中学2年）
※生徒が特定されないよう一部加工している。

---

⑤単元の指導計画と評価

　指導計画とは、単元全体をどのように授業などで展開していくのかを計画したものである。そのため単元の指導計画と評価は、目標を達成させるための内容や活動、そして評価を具体的に時系

列で示さなければならない。

　記述に際して決まった形式はないようである。各教育センターに掲載されている指導案を参照してみると、単元の指導計画と評価（評価規準）を分け箇条書きで記述している指導案もあれば、サンプルとして下記に取り上げたような表に単元計画と評価（評価基準）をまとめて記述することもある。

　単元の指導計画を考え記述する際に気を付けるべきことは、その単元の学問的系統性にとらわれすぎて授業を配列してしまうと、生徒の興味関心からずれた授業・学習になってしまうことである。逆に生徒の興味関心のみに頼った授業を配列してしまうと、単元の目標に到達するまでに時間がかかるであろう。そこで学問的な系統性と学ぶ生徒たちの実態とをどう融合させ、学習活動を構造化していくかが重要となる。

　作成に当たっては、主な活動と評価を3〜6つほどに分け、それぞれの活動に時間を割り振り、主な活動名（単元名）などをつける。その活動名をたどることで、単元のねらいや特徴がわかるように配列することが大切である。

　また、主な活動の多くは1時間を単位として展開されることが多い。ただし、活動内容（ディベート学習や調べ学習など）によっては、複数時間を使用する場合もある。

　単元の目標の書き方は、「知識・技能」「思考・判断・表現」「主体的に学習に取り組む態度」といった評価の観点ごとに記していくことが多い。なお記述する際、その表記のあり方は、授業者の教育観によって表現が異なり、生徒の立場に立った到達目標であったり、教師の立場からの達成目標であったりする。

　例えば、「主体的に学習に取り組む態度」では、生徒の心的内面に着目し、その学習内容に関心を示し意欲的に取り組んでほし

例:

6 単元の評価基準

①知識・技能	②思考・判断・表現	③主体的に学習に取り組む態度
市民革命と産業革命を経た欧米諸国の世界進出、社会主義の登場の背景や植民地への影響を理解しているとともに、諸資料から歴史に関するさまざまあ情報を効果的に調べ、まとめている。	工業化の進展とそれに伴う政治や社会の変化に着目して、近代化により欧米諸国の政治や社会がどのように変化したか考察し、事象を相互に関連付けるなどして、近代の社会の変化の様子を多面的・多角的に考察し、表現している。	欧米諸国による近代化と市民社会の成立によって、よりよい社会の実現を視野に、そこで見られる課題を主体的に追究しようとしている。

7 指導と評価計画（全5時間）

次	学習内容	ア	イ	ウ	評価基準	評価方法
1	市民革命の始まり	◎	○		①イギリスでは、市民革命を通じて、立憲君主制と議会政治が確立したことを理解させる。 ①アメリカ独立戦争が起こった背景と代表制に基づく共和政が確立したことを理解させる。 ②イギリスは市民革命、アメリカは独立戦争を通して、基本的人権を尊重する社会を作り上げてきたことを考察させ、適切に表現させる。	授業観察 ワークシート 発表
2	人権思想からフランス革命へ	◎	○		①フランスの人々が主権と基本的人権を獲得したことを、人権宣言から読み取らせる。 ②ナポレオンの登場が、ヨーロッパ諸国と世界にどのような影響を与えたかを考察させ、適切に表現させる。	授業観察 ワークシート 発表
3	産業革命と資本主義の成立		◎	○	①産業革命による社会の変化と国民生活への影響を理解させ、資本主義の意義と問題点から読み取らせる。 ②社会主義の考えが唱えられた理由を、資本主義の問題点から考え、適切に表現させる。 ③産業革命が現代社会の形成にも大きな影響を与えていることや、近代化の意義に着目させ、よりよい社会の実現を視野に、そこで見られる課題に気付かせる。	授業観察 ワークシート 発表
4	欧米諸国の近代国家建設	◎	○		①アメリカ合衆国の領土拡大の経緯を読み取り、南北戦争が起こった背景を貿易や奴隷制に着目して理解させる。 ①市民革命が起こらなかったドイツとロシアの近代化の特色を理解させる。 ②近代化が遅れて始まったアメリカやドイツ、ロシアには、どのような課題が残されていたか考察させる。	授業観察 ワークシート 発表
5	世界進出を目指す欧米諸国		◎	○	①イギリスが世界へ進出できた要因を、産業革命との関わりから理解させる。 ①インド大反乱がおこった理由を、資料から読み取らせる。 ②イギリスのインド進出の影響を、綿織物の輸出額の変化から考察させる。 ②アジア・アフリカにおいてモノカルチャー経済が形成された理由を、欧米諸国による進出とのかかわりから考察させる。 ③欧米諸国の世界進出がアジア・アフリカに与えた影響について、よりよい社会の実現を視野に、そこで見られる課題に気付かせる。	授業観察 ワークシート 発表

出典：帝国書院編集部『社会科 中学の歴史 指導書 学習指導篇』帝国書院、2021年、172〜173頁参照

い、こんな態度を身につけてほしいという教師の願いが示すものである。そのため「〜しようとする」「●●に興味をもち、・・・」「進んで●●に取り組もうとする」と表現したほうがよいだろう。

次に「思考・判断・表現」では、物事の思考や操作といった具体的な活動を通して得られた成果を評価することが多い。そのため「〜できる」と表現されることがよいであろう。また目標表現も単独ではなく、「〜について考えを深めることができるとともに〜できるようになる」「〜を使って〜を表すことができる」「工夫して〜することができる」等、いくつかの内容を含めて表現することもある。

そして「知識・技能」の表現では、この項目での目標は、単元でおさえておきたい知識や定着させたい事項が中心となるだろう。そのため、それらの内容について「わかる」「気づく」「理解する」といった表現になる。

目標については、専門的な用語で表現することも可能であるが、難しい言葉はできるだけ避けて平易な文章で表現するように心がけたほうがよい。

⑥本時の学習指導（本時の目標や展開など）

本時の学習指導では、1コマ分の授業内の学習活動を節ごとにまとめ、1時間ごとの学習活動を時系列に構成したものである。

日本では、ヘルバルト学派の教授理論が受容されており、多くの指導案の指導計画では、「導入」、「展開」、「まとめ」の3段階に分かれていることが多い。しかし、授業方法もアクティブ・ラーニング的な視点が入り、1回の授業がすべてディベートなど討論学習を用いた授業や調べ学習を行うものもあれば、「まとめ」を行わないオープンエンド方式を採用することもある。そのため、

指導計画を立てるにあたっては、形式にとらわれず柔軟に発想することが大切である。

○本時の目標

　本時の目標とは、この1時間で生徒が何を行うのか、生徒にとって何ができるようになるのかを簡潔にまとめたものである。そのため、単元の指導計画に基づいて、本時の学習活動の目標を端的にかつ具体的に記述すればよい。また、前の授業内容やこの後の授業内容との関係をはじめ評価規準との整合性に気を付けなければならない。

　特に記述の際には、生徒の立場になって目標を設定する必要性と目標達成へのルートを考えなければいけない。

　まず、目標を設定する際には、「〜を説明できる」、「〜することができる」、「〜について考えることができる」などの生徒が目標を達成した際の姿を表現が好ましい。加えて、どのようにしてその目標を達成すればよいかを示しておくのである。具体的には、①「授業のどの場面で」、②「何に焦点を当てて」、③「この活動を通して」、④「設定した目標を達成する」というルートが分かるように記述する。

例：中世の日本と世界

・武家政治が広がっていくポイントとなる出来事を選び、その理由を朝廷の視点を踏まえて説明する。

出典：東京都教職員研修センター

○本時の展開

　指導案を書く作業は、生徒の動き（反応）を詳細にわたって予想するという作業であるが、それに加えて教師の動きも予想しておく必要がある。特に本時の展開を記述することは、「生徒の立

(3) 本時の展開

段階	学習内容	学習活動	指導上の留意点
導入7分	1 既習の振り返り 2 学習課題の設定	1 今回の衆議院の解散から組閣までの流れを、新聞記事を使いながら確認する。また、組閣の記事から気づいたことについてペアで話し合い、発表する。 ・首相をはじめ大臣は国会議員である 2 学習課題の確認	1 タイムリーな事象について関心を持たせ、内閣についての関心を持たせる程度にする。
		国会と内閣の関係はどのようになっているのだろう	
展開38分	3 課題解決の見通し 4 課題の追求 5 課題のまとめ	3 国会と内閣の関係を予想する。 ワークシートに個人の考えをまとめ、ペアで話し合い、まとめる。 4 国会と内閣の仕事を比較してみる。 ・内閣組織の基本・大臣の資格を調べる。 ・首相の仕事や権限について調べる。 ・ワークシートの記述内容から内閣の仕事を分類する。 ・国会と内閣の関係をまとめ、ペアで話し合う。 5 議院内閣制についてまとめる。 「内閣が国会の信任のもとに成立し、国家に対して連帯して責任を負うという関係」	3 組閣の記事などを使ってみる。 4 新聞や資料集などを活用する。 ・政治は国会と内閣だけで行われているのではなく、国民の意見が大きく左右することに着目させる。 ◎(知識・理解) 　内閣の地位と権限について理解しているか。 　　(ワークシート) ◎(技能・表現) 　議院内閣制の意義としくみについて、具体的な場面を通してまとめることができたか。 　　(ワークシート)
終末5分	6 学習の振り返り 7 次時予告	6 振り返りカードを記入する。 7 次時の学習の確認をする。	6 ワークシートを回収する。

　場」と「教師の立場」の両方を予想することでもある。

　本時の展開では、時系列（タテ列）に「導入」、「展開」、「まとめ」で構成されていることが多く、時系列に対して「時間」、「学習内容」、「学習活動」、「教師の指導や支援」、「指導上の留意点」、「使用教材・教具」、「学習評価」などを記述していく。ただし、

都道府県教育委員会や学校の指導案によっては、これらの事項を統合させた項目（例えば「学習内容」＋「学習活動」＝「学習活動」など）として記述している場合もある。

　それでは、岩手県立総合教育センターの学習指導案データベースにある公民分野「現代の民主政治と社会」の指導案を参考に、「学習活動」、「指導上の留意点」それぞれで具体的な記述すべき内容を示していくことにしよう。

・「学習活動」では、生徒がどのような学習活動を行い、どのような内容を習得していくのか具体的に記述していく必要がある。例えばサンプルでは、「今回の衆議院の解散から組閣までの流れを、新聞記事を使いながら確認する。また、組閣の記事から気づいたことについてペアで話し合い、発表する」と記載されており、生徒一人一人が何を目標に活動すればよいのか具体的に記述されていることが分かる。このほかに、資料調べ、討論、グループ学習、プレゼンテーション、ロールプレイングなど、取り扱う学習活動を示しておく必要がある。つまり、「知識の獲得」、「問題意識の掘り起こし」、「意見形成」、「言語表現活動」、「技能の習得」など、何を目的としているのかを明確に意識しなければならない。加えて予想される子供の反応も記述しておくとよいだろう。

・「指導上の留意点」では、学習活動が深まるように学習活動・過程に沿って、支援の意図・重点、工夫、手だてなど留意すべき事項を具体的に記載する。具体的には、発問によって予想される生徒の反応、生徒個々人の学習震度に応じた方策、資料提示のタイミングと方法、効果的な学習方法及び学習形態、準備物・配布物などである。このほかに学習活動と教師の支援とのかかわりを対応させて記述する。

また、学習評価について記載する場合もある。その際には、本時の目標との整合性を図ることや評価規準を具体的に明示しなければならない。加えて、評価方法（発言や行動観察、ノート記述やワークシートなど）についても記載しておかなければならない。

3）学習指導案の見直し
(1)授業方法と学習指導案

学習指導案を作り上げ、いざ授業を実施していく中で、思いがけない事項が発生することもある。それによって授業が中断することになってしまうと教育活動に支障が生じてしまう。なぜ支障が生じるのだろうか。それは、生徒の動き（反応）に対する予測量が少なかったということと、その動き（反応）に対する手立てを多く持ち合わせてなかったためである。そのため既述したように生徒の反応をできる限り想定しておく必要がある。

例えば、写真を提示してわかることや考えたことを発表させる場合、教師が写真から読み取らせたい内容とは、まったく別の事柄に子供たちは反応して、活発に学習活動を始める場合がある。その際、単元の目標に即して教師は資料を準備しているために、教師自身の意図とは別の内容についての反応を予測していないことが多い。その場合、対応方法に困り意思決定に迷いが生じ授業が立ち往生してしまうか。生徒らの意識を無視して教師が強引に授業を制御し、生徒の学習意欲を減衰させてしまうかのどちらかが多い。

つまり、本時のねらいを達成させるには、どのような支援や指導をしなければいけないのかを、生徒の動き（反応）をできるだけ想定し、可能な限り詳細に記述することが、実際の授業で立ち往生しないための、最善の方策となるのである。

加えて、適切な授業方法を模索する必要もある。同一の単元でも、

生徒が違えば適切な授業方法も異なる。1年1組では「資料調べ」が適当な授業方法でも1年2組では「グループ学習」が適当かもしれない。このように常、生徒の様子を観察することで適切な授業法を模索するべきであろう。

(2)文章表現に気をつけよう

　学習指導案は、授業を実施する教師はもちろんであるが、第三者にもわかるように示さなければならない。そのため、独りよがりの指導案では意味がないのである。

　例えば、指導上の留意点に「内容を理解できていない生徒に対しては、言葉がけをする」といった表現があったとする。内容を理解できていない生徒の登場が予測されているが、なぜ理解できていないのかという原因まで予測されていない。つまり、理解ができない原因まで探る必要があるのである。

　そのため、理解できない原因を個別に予測して、個々の生徒に対して適切な言葉がけをどのように行うのかを、状況に応じて対応できるように対策をあらかじめ予測していくことが必要になる。

　また具体的な支援が分かるように記述することが必要である。具体的には、「(生徒に対して)・・・・を・・・・することで・・・・を促す」のように生徒と教師の関係性が明確になるほうがよい。このほかによく用いられる文末表現には、「〜雰囲気をつくる」「〜助言をする」「〜を評価する」「〜の場を設定する」「〜声かけを行う」「〜を引き出す」「〜意欲を高める」などがある。

(3)よい指導案を作るためには

　よい学習指導案とは何か。佐藤晴雄(2022)によれば、よい指導案の条件は以下の6つである。

①授業実施日時・学級(生徒数)・場所・授業者名

②単元(題材)名や使用教科書

③単元の目標

④単元(題材)設定の理由(教材観や生徒観を含む)

⑤単元(題材)の指導計画と評価

⑥本時の学習指導(本時の目標や展開など)

　学習指導案を作成した際には、上記に6項目を再度確認しておく必要がある。そして、何度も訂正・修正をしていく中で最高の指導案を作成していくのである。

　最後に指導案が完成したら、再度、単元名と単元の目標と評価の関係、そして全体のバランスを再度吟味することを推奨する。

よい指導案

単元名＝単元の目標＝単元の評価＝授業の展開

第3節　歴史的分野「時代を大観する歴史学習」の展開例

1)人物・出来事の学習から時代の学習へ

　歴史の授業では、さまざまな人物や出来事を扱いながらも、それらの背景にある「時代」について理解を深めさせることが求められる。教科書に太字で示される人物や事件・出来事を一つひとつ詳しく知ったとしても、それだけで歴史を理解できるわけではない。出来事と後に続く出来事とを関係づけ、物事の展開や流れ、意味や意義を理解することがまず必要である（図1）。

　しかし、出来事の展開を理解するにしても、何を中心的出来事として選択するのかが問われる。出来事一つとってみても、詳細に見れば

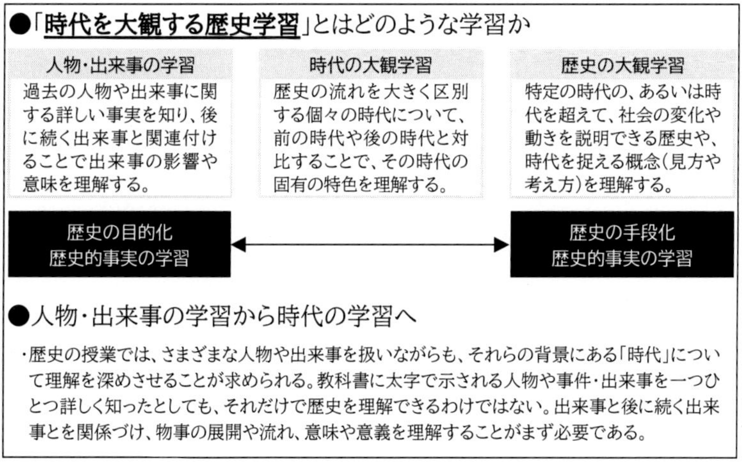

図1　時代を大観する歴史学習とはどのような学習か[2]

見るほど多くの事実が現れ、そのどれを選び、また別の出来事のどの事実と関連づければよいか選択は尽きない。重要な事実を網羅しようとしても、この問題を避けることはできない。

　これに対し、歴史を時代によって大くぐりにし、それぞれの時代の特質についてつかませることこそを重視しようとする考え方もある。時代の特色をつかませることが目的であれば、その時代に起こった出来事を網羅する必要はない。特色をつかむことのできる事実を精選すればよいことになる。この場合は、教科書にある太字の用語以上に、見出しや小見出しに表される事柄の具体的把握と関連づけこそが重要である。

　限られた時間数で歴史の展開の全体像を描かせようとすれば、こうした時代を中心とする学習が求められるだろうが、時代の特色をどんな方法でつかませるか。

　現行学習指導要領の歴史的分野では、内容の大項目「B近世までの日本とアジア」「C近現代の日本と世界」の各時代の中項目ごとに、

身につけさせる「思考力・判断力・表現力等」について、「（中項目の時代X）を大観して、時代の特色を多面的・多角的に考察し、表現する」と述べている。解説によれば「各時代の特色を大きく捉え、政治の展開、産業の発達、社会の様子、文化の特色など他の時代との共通点や相違点に着目して、学習した内容を比較したり、関連付けたりするなどして、その結果を言葉や図などで表したり、互いに意見を交換したりする活動を示している」とされる。

　学習内容は、古代・中世・近世・近代・現代という5つの時代区分で分けられており、それぞれの時代のまとめとして「時代を大観する学習」を位置づけ、前の時代と比較しながら、その時代の特色をつかむ学習を展開するようになっている。つまり、新旧の時代の特色を政治、産業、社会、文化といった項目ごとに対照する学習が想定されている。

　「時代を大観する歴史学習」の実践例を紹介したい（図2）。事例は、中学2年生を対象に行われた「明治維新」の授業の単元構成（単元の指導計画：①新政府の樹立、②明治維新の三大改革、③世界とつながる日本と文明開化、④岩倉使節団、⑤近代的な国際関係、⑥自由民権運動、⑦立憲制国家の成立、⑧まとめ（本時））と、単元のまとめとなる第8時の授業概要について、学習指導案の形で示したものである。

　本実践は、明治維新から大日本帝国憲法の制定までの近代国家の成立過程を学ぶ単元のまとめの授業である。授業では、江戸時代と対比して学んできた維新政府の政策のうち、近代国家を成立させたと考える政策を生徒に一つ選ばせ、選択した政策ごとに班をつくって討議した後、資料を根拠に選択理由をクラス全体に説明させている。終結部では、当時の海外諸国の反応を確認し、授業を終えている。

●「時代を大観する歴史学習」の実践事例：単元「明治維新」

[本時の目標]
明治政府の近代化政策の意義や成果を多面的・多角的に考察し、適切に表現している

過程	学習活動	指導上の留意点	資料
導入	①明治政府が行った政策を振り返る。 ②学習課題を設定する。 [学習課題] 日本は近代国家になったのだろうか？		①明治政府の政策
展開	③単元の学習を振り返り、5つの政策から日本の近代化をアピールするにふさわしいものを選ぶ。 ④同じ政策を選んだ人でグループをつくり、アピールポイントをまとめる。 ⑤グループごとに意見を発表する。	・中央集権化政策、富国強兵政策、文明開化、外交政策、大日本帝国憲法の制定から選択させる。 評価1 ・選んだ政策の意義や成果について適切に表現できているか 評価2 ・さまざまな意見に触れることで多面的・多角的に思考できているか	
終末	⑥日本に関する当時の海外活動の反応を確認し、まとめを行う。		②19世紀末の欧米新聞

図2 「時代を大観する歴史学習」単元「明治維新」の展開例[3]

「時代を大観する歴史学習」の実践事例：単元「明治維新」

〔単元の目標〕

〔社会的事象への関心・意欲〕明治維新による近代国家の形成などの歴史的事象に対する関心を高めさせるとともに、意欲的に追究させ、近代の特色を捉えさせる。

〔思考力・判断力・表現力等〕新政府の諸改革の意義や過程、成果について、資料や江戸時代との比較によって多面的・多角的に考察させるとともに、適切に表現させる。

〔社会的事象についての知識及び技能〕中央集権化政策、富国強

兵策、文明開化、外交政策、大日本帝国憲法の制定などの政策により、近代国家の基礎が整えられたことや人々の生活が大きく変化したことを資料や江戸時代との比較から読み取り、説明できる。

　本実践は、近代の学習の最後に設定される一般的な時代の大観学習とはいささか異なっている。しかし、主発問の「日本は近代国家になったのか」という問いを導きに、生徒に既習事項の内容を確認させ、江戸時代の幕藩体制との比較をふまえて、それぞれの近代国家像を描かせている点で、まさに近代初期の時代を大観させることを意図した授業となっている。「時代を大観する」授業とは、問いを手がかりに、調べ学んだことを活用し、生徒一人一人が歴史を再構成することで、個々の時代認識の形成を促すのである。

　しかし、時代を大観することが、扱った事象や出来事を概括した単なる時代の要約で終えてしまうなら、学習の発展としては不十分である。単元のまとめだとしても、授業である以上、生徒のより一層の認識の成長を図ることを目指したい。本実践の場合も、5つの政策を個別に評価させるだけでなく、それらを束ね、近代国家の概念や本質に迫る学習をどう組織するかが課題となる。

　時代を大観する学習が、単に時代を要約する概括的歴史学習に陥らないためには、歴史授業をつくる発想を柔軟に変えていく必要がある。

①大観する授業の位置とねらい：時代区分ごとに、最後の時間を大観学習に当てるという型どおりの計画は改めたい。前の時代との比較表を作るなど授業が形式化しがちで、ワンパターンの授業になりかねない。歴史や社会をより深く捉えるには、大観する授業を単元内で柔軟に組織することも必要だ。単元終結部だけでなく、前の時代との比較からその時代の国家社会の形成や変化を捉え

やすい大単元導入部での大観を伴う探究活動など、多様な大観の在り方を試みることが肝要である。

②歴史を大観する方法：複数の時代を比較し時代の特色を理解する方法は、比較の単位が数百年単位に及ぶため、各時代の政治・経済・文化・社会の主な出来事を対比するに留まりがちである。むしろ、「権力」「市場」「思想」といった歴史や社会を捉える一般概念を基に射程を限定して特定の時代を探究する方が、歴史の見方・考え方の成長を図ることができるだろう。近代国家の成立を学ぶのであれば、「国家形成」、「国民化」など近代を読み解く一般概念を手がかりに、それがどのようにして可能となったか、その条件を探るといった方法もある。

③問いの設定：歴史の大観は、個別具体の事象に関する「なぜ」「何」を問うのではなく、時代を捉える概念にかかわって事象や出来事の関係性を問うことが重要となる。つまり、個別の事象・出来事を関連づけ、まとめあげるための文脈の形成を促すような問いを設定することである。そうした問いを導きとした探究によって、歴史の見方・考え方をつかませるのである。

第4節　公民的分野「社会の見方・考え方」を身につける授業例

　公民的分野の具体的な授業例として、「社会の見方・考え方を身に付ける」授業について紹介する。図3上部で示したように、「社会の見方・考え方を身に付ける」授業構成には3つのステップがある。1つ目は、「見方・考え方の決定」である。身に付けさせたい社会の見方・考え方をあらかじめ明確にする。2つ目は、「教材の選択」である。身近な事例であるにもかかわらず、あえて生徒の考えが不十分なものを教材として選択するとよい。3つ目は、「授業の考察・展開」である。

生徒が自分の見方・考え方の不十分さに気づき、「見方・考え方」を用いて自分の考えを深めることができるよう展開する。

　具体的な授業事例を紹介する。事例は、中学校3年生を対象に行われた、地元のB市民病院を取り巻く課題を教材として、公民的分野、大項目の「C 私たちと政治」の「地方自治」の単元において実施された授業である。教材の舞台であるB市は、人口約5万人の地方都市であり、人口減少などの課題を抱えている。B市民病院は1960年代に建設され、市民の安心と健康を守ってきた。しかし築40年以上が経過し、施設の老朽化、耐震性などの問題があり、近年、新しく建て替えられた。新しく建て替えられた市民病院は、免震構造と最新鋭の医療機器を備え、来院する人のアメニティ、快適さにも配慮している。その反面、以下の課題を抱えている。

　1点目として、コミュニティバスが週1日〜2日だけ運航されている地域があり、B市から電車で約10分の隣接都市には、B市民病院よりも設備の整った大病院が多く存在することである。この課題は、〔地域間の公平さを考える視点〕を与える。2点目として、市民病院の立て替え費用の約30%、約15億円は市債でまかなわれており、B市では今後30年かけて償還することである。この課題は、〔世代間の公平を考える視点〕になる。この2つの視点が見方・考え方になる。

　単元計画は、図4で示されている全5時間である。5時間の計画のうち本時は、第4時間目である。B市民病院の建て替えは必要だったかということが本時の課題になる。ねらいは、さまざまな資料を基にしてB市民病院の建て替えの是非について、「地域間の公平さ」、「世代間の公平さ」を基に判断する学習活動になる。

●「社会の見方・考え方を身に付ける」授業構成

1 見方・考え方の決定	2 教材の選択	3 授業の考察・展開
身に付けさせたい社会の見方・考え方を明確にする。	身近な事例であるにもかかわらず、子供たちの考えが不十分なものを教材として選択する。	授業は、子供たちが自分の見方・考え方の不十分さに気づき、「見方・考え方」を用いて自分の考えを深めることができるように展開する。

●「社会の見方・考え方を身に付ける」授業例

・「社会の見方・考え方を身に付ける」の実践例を紹介したい。事例は、中学3年生を対象に行われた、地元のB市民病院を教材として、公民的分野「C 私たちと政治」の「地方自治」の単元において実施された授業である。

・教材の舞台であるB市は、人口約5万人で、人口減少などの課題を抱えている。B市民病院は1960年代に建設され、市民の安心と健康を守ってきた。しかし、築40年以上が経過し、施設の老朽化、耐震性などの問題があり、近年、新しく建て替えられた。新しく立て替えられた市民病院は、免震構造と最新鋭の医療機器を備え、来院する人のアメニティにも配慮している。その反面、以下の課題を抱えている。

(1)コミュニティバスが週1～2日だけ運航される地域がある。電車で約10分の隣接都市には、B市民病院より設備の整った大病院が多く存在する［**地域間の公平さを考える視点**］

(2)市民病院の立て替え費用の約30%、約15億円は市債でまかなわれていて、B市では今後30年かけて償還する［**世代間の公平を考える視点**］

図3 「社会の見方・考え方を身に付ける」授業構成[4]

●単元計画(全5時間)

時間	学習のテーマ	ねらい
1	地方自治の仕組み ―B市民病院の立て替えを、だれが、どのように決めたのか?―	地方議会、首長の仕事や両者の関係を捉え、地域住民の一員として、地方自治の仕組みに興味関心を高める。
2	地方公共団体の仕事と財政 ―B市民病院とB市―	財政をはじめとする地方公共団体の状況と、人口などの地域の状況について調べ、その特徴を捉える。
3	地方自治と私たち ―住民の権利はどのようなものか?―	地方自治を実現するために直接請求権が取り入れられていること、地方分権・地域づくりが進められていることを理解する。
4 本時	B市民病院の建て替えは必要だったか?	さまざまな資料を基にしてB市民病院の建て替えの是非を、地域間の公平、世代間の公平を基に判断する。
5	これからの地方自治を考える ―D地区の生きがいづくり―	学校所在地であるD地区の高齢者の生きがいづくりについて捉え直し、これからの地方自治について考える。

図4 単元計画[5]

図 5 は、本時の展開について示したものである。本時の目標は、B
市民病院に関する資料を基に、建て替えについての自分の考えを「地
域間の公平」「世代間の公平」という 2 つの公正についての見方・考
え方を活用しながら深め、根拠を示しながら表現できるようになるこ
とである。

●本時の展開

① 目標 B市民病院に関する資料を基に、建て替えについての自分の考えを「地域
　間の公平」「世代間の公平」という 2 つの公正についての見方・考え方を活用しな
　がら深め、根拠を示しながら表現することができる。

② 展開

過程	学習活動	指導上の留意点	資料
導入	①学習課題の把握 [学習課題]B市民病院の建て替えについて「公平」の観点から考えよう		
展開①	②資料を基にB市民病院の建て替えについて、自分の意見をまとめる ③全体で意見を交流し、考える観点をまとめる	・B市民病院基本構想、B市の財政 ・B市民病院建て替えまでの経緯 ・B市民病院の建設費用と財源 ・B市民病院の利用者数、収益推移 ・地域住民へのアンケート結果など ○生徒の発言を「地方自治の意義」「地域間・世代間の公平」の観点から整理し、板書する。	
展開②	④「地域間の公平」「世代間の公平」という考える観点を基にB市民病院建て替えについて、班で意見をまとめる	○予想される発言 〈必要がある〉 「大都市だけでなく、自分たちの身近な地域に、医療の拠点があったほうがいい」 〈必要なし〉 「私たちの世代の税金で公債が返済されることや現在の赤字を考えると、将来に負担を残すことには問題ある」 ・班内での意見が偏っている場合には、教師が適宜、別の立場の意見を提示する	
終末	⑤班内で色々な意見を聞いた上で最終的な判断を個人で行う		

図 5　本時の展開[6]

導入部分では、学習課題を把握し、明確にする。学習課題は、「B市民病院の建て替えについて公平の観点から考えよう」である。展開部分は、2つのレベルで構成されている。

　展開①では、資料を基にB市民病院の建て替えについて、B市民病院の基本構想やB市の財政、それから建て替えまでの経緯、建設費用と財源、利用者数や収益推移、地域住民へのアンケート結果などの資料を使って生徒に自分の意見をまとめさせる。全体で意見を交流し、考える観点をまとめるときに留意したいのが、生徒の発言を「地方自治の意義」や「地域間・世代間の公平」という観点から教員が板書するなど論点整理することである。様々な意見が出てくることが予想されるが、多様な意見が出てきて、論点を整理できなくなる可能性がある。教師の役割は、生徒の意見を紡ぎつつ論点整理し、わかりやすく見えるようにしてあげることである。予想される発言として、「建て替える必要がある」という意見に対し、「大都市だけでなくて、自分たちの身近な地域に、医療の拠点があったほうがいい」という意見が対置されたり、「必要ない」という意見に対し、「私たちの世代の税金で公債が返済されることや現在の赤字を考えると、将来に負担を残すことには問題がある」という意見が対置されたりすることが予想される。こうして、指導案には教師の発問に対し、予想される生徒の発言を明記しておくことが重要である。

　展開②では、「地域間の公平」や「世代間の公平」と考える観点を生徒に与え、B市民病院建て替えについて、班で意見をまとめさせる学習活動を行なう。こうしたグループワークの際には机間巡視して生徒の話し合いの様子を観察する。意見の偏りが過度に見られる場合には、適宜、教師が別の立場の意見を提示し、代替の意見もあることを生徒に示唆しながら、さらに深く考えていく契機を与える。

　終末では、班内での様々な意見を聞いた上で、最終的な判断を個人

で行う。

　以上の事例から方法や留意点を考えていきたい。「解説」では、「現代社会の見方・考え方の基礎となる枠組み」の1つとして、「対立と合意、効率と公正」が示されている。本事例では、とくに「公正」に着目している。しかし、「公正」には、手続きの公正や機会の公正、結果の公正という様々なレベルの公正が指摘されている。本事例では、手続きの公正について全5時間の単元のうち3時間目までは地方自治の仕組みと現状の学習を通して学んでいる。既存の仕組みを学ぶだけでは、生徒は「自分たちの権利を保障されている」という印象を受け、「政治のことは大人に任せておけばいい」と消極的に受け止めてしまうことが危惧される。それゆえ、本事例の「現代社会の見方・考え方」を用いて自分の考えをもつことが重要となる。本時4時限目では、市民病院の建て替えについて、「地域間の公平」、「世代間の公平」という2つの観点を用いて検討している。この2つの公平について、「守ることが大切だ」と教えるだけでは、残念ながら、「考え方を身に付ける」授業にはならない。そのために本時では、展開のプロセスにおいて、考え方を身に付けさせるために、2つの手段を取っている。1つ目は、生徒の既有の見方・考え方に基づいた意見を板書で整理し、生徒が常に持っている見方・考え方を可視化する。過去の体験や学習してきたことに基づいて自分の意見をまとめていく。自分の意見を一度まとめた生徒に対し、「地域間の公平」と「世代間の公平」という概念を提示する。この2つの公正は、両立困難であることに気付く。2つ目は、新たに提示された2つの公正の概念を基に、市民病院の建て替えについて、班で意見をまとめていく。その結果、過去の体験などに基づいて整理した意見について、公正の観点から自分の意見が不十分であることに生徒を気づかせることができる。

　以上、公正についての考え方を学習し、その考え方を用いて、具体

的な事例について考え、表現することを通して、社会的な現代社会の見方・考え方を身に付ける授業実践例を概説した。現行学習指導要領における公民的分野の授業の在り方の1つのスタイルが、この授業実践例には表現されている。

参考文献

佐藤晴雄『教職概論　第 6 次改訂版』学陽書房、2022 年

原田智仁編『社会科教育のルネサンス』教育情報出版、2020 年

岩手県立総合教育センターウェブページ(2022 年 11 月 30 日最終閲覧)http://www1.iwate-ed.jp/

茨城県教育研修センターウェブページ（2022 年 11 月 30 日最終閲覧）https://www.center.ibk.ed.jp/

東京都教職員研修センターウェブページ（2022 年 11 月 30 日最終閲覧）https://www.kyoiku-kensyu.metro.tokyo.lg.jp/

脚注

1　単元とは、数時間のまとまりのことであり、一般的には学習指導要領の項目をもとに作成する。単元は、中学校社会科の場合、教科書の節の部分に該当する。だいたいの授業では見開き 2 ページを 1 時間ペースで進めて、およそ 4〜7 時間で 1 単元を終えるイメージである。

2　前掲『社会科教育のルネサンス』160〜163 頁参照。

3　同上。

4　前掲『社会科教育のルネサンス』、164〜167 頁参照。

5　同上。

6　同上。

第8章 授業実践例

第1節　地理的分野の授業実践例（領土教育）

　現行学習指導要領では、地理的分野において、「我が国の領域をめぐる問題」として、「内容の取扱い」に、従来の「北方領土」に加えて「竹島」についても明記され、また「尖閣諸島」については「領土問題は存在しないことも扱う」ことが記載されている。なお、歴史的分野・公民的分野でも「内容の取扱い」に「北方領土」「竹島」「尖閣諸島」について具体的に明記された。

　本節では、地理的分野における領土教育に関する授業実践例について、学習指導案とともに紹介する。

中学校社会科地理的分野学習指導案

　　　　　　　　指導教諭　氏名：　　　　　　　　　　　㊞
　　　　　　　　授　業　者　氏名：　　　　　　　　　　　㊞

日　　　　時　　　年　月　日（　）　　時限
対象クラス　中学校　　年　　組（男子　　名　女子　　名　計　　名）

1．単元名　日本の地域構成

2．単元の目標　我が国の海洋国家としての特色や領域に関する問題を理解し、領域に関する問題への関心を高めよう。

3．単元の構想
　　「世界と日本の地域構成」において身に付ける知識として、「領域の範囲や変化とその特色」があげられており、領域は、領土だ

けでなく、領海、領空から成り立っており、それらが一体的な関係にあることを捉えることとされている。

　身に付ける思考力、判断力、表現力等として、日本の地域構成の特色を周辺の海洋の広がりや国土を構成する島々の位置に着目して多面的・多角的に考察し、表現することとされている。

　（内容の取扱い）においては、我が国の海洋国家としての特色を様々な面から取り上げるとともに、竹島や北方領土（歯舞群島、色丹島、国後島、択捉島）について、位置と範囲を確認するとともに、我が国の固有の領土であるが、それぞれ現在韓国とロシア連邦によって不法に占拠されているため、竹島については韓国に対して累次の抗議を行っていること、北方領土についてはロシア連邦にその返還を求めていること、これらの領土問題における我が国の立場が歴史的にも国際法上も正当であることなどについて的確に扱うことが求められている。

　また、尖閣諸島については、現に我が国が有効に支配しており、解決すべき領有権の問題は存在していないこと、我が国の立場が歴史的にも国際法上も正当であることを、その位置や範囲とともに理解することが求められている。

4．単元指導計画と指導計画

時間	学習主題・主な学習活動	評価の観点		
		知・技	思・判・表	態度
1	我が国の国土の位置 ・緯度と経度を使った国土の絶対的位置や、様々な面からの相対的位置を捉える。	○		
2	世界各地との時差 ・時差の計算を通して、日本と各地の位置関係を表現する。		○	
3 本時	領域の範囲や変化とその特色 ・海洋国家としての特色や、領域をめぐる問題の現状について知り、関心を高める。	○		○
4	日本の地域構成 ・日本の地域構成を大観し理解する。	○		

5. 本時の指導

(1) 題　目　領域の範囲や変化とその特色

(2) 本時の目標（ねらい）

・我が国の海洋国家としての特色や領域に関する問題を理解する。【知識・技能】
・領域に関する問題への関心を高める。　【主体的に学習に取り組む態度】

(3) 展開

学習内容と生徒の学習活動(S)	教材や準備	指導の留意点(○)、要点(◆)
0.本時の目標を確認し学習の見通しをもつ。		黒板等を活用して本時の目標や学習の流れを明示する。
学習課題：海洋国家としての特色や領域に関する問題を理解する		
1.地図帳で東西南北端の島を確認し、日本の略地図に記入する。 S.東端：南鳥島　西端：与那国島 　南端：沖ノ鳥島　北端：択捉島		◆「領域」「排他的経済水域」「接続水域」についてイラスト等を用いて説明する。
2.日本の領域に関して問題となっている事象について発表する。 S1.北方領土：ロシア連邦に不法占拠されている。日本人が自由に渡ったり、住んだりすることができない。 S2.竹島：大韓民国に不法占拠されている。 S3.尖閣諸島：中国との緊張が高まっている。		○文字が小さい資料は適宜拡大して配付する。
3.3種類の資料がどこの問題と関連するのかについて、グループで話し合い、根拠を明らかにして発表する。 S1.資料①：北方領土では墓参りを個人や家族で行えていない。 S2.資料②：竹島ではハングルの看板が掲示されている。 S3.資料③：尖閣諸島では海上保安庁が船舶の数を集計している。	3種類の資料を配付する。	◆「話合い活動」において、既習事項と関連付けたり、他者の意見を尊重したりする姿勢で臨んでいる。【主体的に学習に取り組む態度】
4-1.資料①、②から、北方領土と竹島が不法占拠されていることにより、我が国の国民が自由に行き来し、経済活動もできない状況にあり、国の在り方が問われていること、その土地に関わってきた人々の人	北方領土問題対策協会、島根県、内閣官房領土・主権対策企画調整室などのHPから、生徒の理解を深めるのに	◆各グループの発表に関連付け、各資料から読み取って欲しかったこと等を説明する。

権が侵害されている問題であることの理解を深める。 4-2.資料③から、尖閣諸島を我が国が有効に支配しており、解決すべき領土問題は存在していないことを理解する。	有効な情報を入手する。	
5.振り返り用紙に感想等を記入する。	振り返り用紙を配付する。	◆領域に関する問題を踏まえて記述している。【知識・技能】
6.感想等を発表する。 S1.領域に関する問題について詳しく知ることができた。 S2.領土問題を解決したいと思った。		◆領域に関する問題への関心の高まりがうかがえる内容を記述している。【主体的に学習に取り組む態度】

（4）評価

- 我が国の海洋国家としての特色や領域に関する問題について、関係国との関わりとともに理解している【知識・技能】
- 領域に関する問題に関心をもち、平和的な解決に向けて考え、自ら主体的に関わろうとする意欲をもっている。【主体的に学習に取り組む態度】

6. 配布資料（第4期島根県竹島問題研究会より）

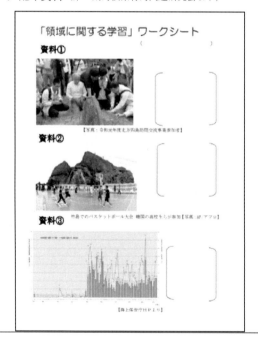

「領域に関する学習」ワークシート

資料①

【写真：令和元年度北方四島訪問交流事業参加者】

資料②

竹島でのバスケットボール大会 韓国の高校生らが参加【写真：α/アフロ】

資料③

【海上保安庁HPより】

引用・参考文献

文部科学省ウェブページ 『中学校学習指導要領解説』及び『高等学校学習指導
要領解説』の一部改訂について（通知）2014 年 1 月 28 日（2022 年 11 月
30 日最終閲覧） https://www.mext.go.jp/component/a_menu/education/
micro_detail/__icsFiles/afieldfile/2018/01/19/1400525_16_1.pdf

第 4 期島根県竹島問題研究会『第 4 期「竹島問題に関する調査研究」最終報告
書』2020 年 3 月

北方領土問題対策協会ウェブページ https://www.hoppou.go.jp/index.html（2
022 年 11 月 30 日最終閲覧）

Web 竹島問題研究所ウェブページ https://www.pref.shimane.lg.jp/admin/pr
ef/takeshima/web-takeshima/takeshima04/kenkyuukai_houkokusho/index.
html（2022 年 11 月 30 日最終閲覧）

内閣官房領土・主権対策企画調整室ウェブページ https://www.cas.go.jp/jp/r
yodo/index.html（2022 年 11 月 30 日最終閲覧）

▌第 2 節　歴史的分野の授業実践例（主権者教育）

　現行学習指導要領では、歴史的分野における内容の改善・充実の一
環として、世界の歴史の扱いについては、従来の我が国の歴史的事象
に直接かかわる事象だけでなく、「間接的な影響を与えた世界の歴史
の学習についても充実させる」ことが強調されるとともに、「主権者
の育成という観点から，民主政治の来歴や人権思想の広がりなどにつ
いての学習の充実」が図られることになった。学習内容例として、「古
代の文明の学習では民主政治の来歴を、近代の学習では政治体制の変
化や人権思想の発達や広がりを、現代の学習では、男女普通選挙の確
立や日本国憲法の制定などを取り扱うこと」が示されている。

　本節では、歴史的分野における主権者教育の授業実践例[1]について、
学習指導案とともに紹介する。

中学校社会科歴史的分野学習指導案

指導教諭　氏名：　　　　　　　　　　㊞
授 業 者　氏名：　　　　　　　　　　㊞

日　　　時　　年　月　日（　）　　時限

対象クラス　中学校　年　組（男子　　名　女子　　名　計　　名）

1．単元名
欧米諸国における近代化（『社会科 中学生の歴史』帝国書院、2021 年）

2．単元の目標
欧米諸国が、市民革命や産業革命による近代社会を成立させたことを理解するともに、新たな市場や原料の供給地を求めてアジアへ進出したことについて考える。

3．単元の構想
　欧米諸国では、フランス革命などの市民革命と、イギリスを発祥とする産業革命を契機として、自由・平等の考えの下に人々を「国民」として一つにまとめる近代国家の建設が進められた。さらに工業の発展に伴い、安い原材料の入手先と市場を求めて世界各地に進出し、植民地を拡大していった。

4．単元指導計画と指導計画

時間	学習主題・主な学習活動	評価の観点		
		知・技	思・判・表	態度
1 本時	市民革命の始まり ・イギリスでの革命や、アメリカでの独立戦争の意義を考える。	○	○	
2	人権思想からフランス革命 ・フランスの人々が主権と基本的人権を獲得していく経緯について、フランス革命を通して把握する。	○	○	
3	産業革命と資本主義の成立 ・産業革命が起こった背景と社会の変化を理解し、現代社会との関わりが深いことに気づく。	○	○	○
4	欧米諸国の近代国家建設 ・アメリカ合衆国の領土拡大の経緯と、南北戦争が起こった背景とともに、市民革命がなかったドイツとロシアの近代化の特色について理解する。	○	○	
5	世界進出を目指す欧米諸国 ・産業革命後、欧米諸国は原料と市場を求めて世界へ進出し、アジア・アフリカの経済や政治に与えた影響について考える。	○	○	○

5. 本時の指導

(1) 題　目　市民革命の始まり

(2) 本時の目標（ねらい）
・イギリスでは市民革命を通じて立憲君主政と議会政治が確立したこと、アメリカでは独立宣言が出され、代表制に基づく共和政が確立したことを理解し、その意義を考えることができる。【知識・技能】
・イギリスは市民革命、アメリカは独立戦争を通して、基本的人権を尊重する社会をつくり上げてきたことを考察させ、適切に表現させる。【思考・判断・表現】

(3) 展開

学習内容と生徒の学習活動(S)	教材や準備	指導の留意点(○)、要点(◆)
0.「欧米諸国の世界進出」を題材に 19 世紀後半の世界を眺め、近代化がどのように始まったのか予想し、学習課題への見通しを持つ。 0-1.19 世紀後半、世界ではどのようなことが起きていただろうか。主な世界の出来事を挙げてみよう。 0-2.本時の学習課題について、学んでみたいことや、疑問に思ったことを自分の言葉で表してみよう。 0-3.解決のために、何が分かればよいか、どのようなことを調べればよいかなど、見通しを立てよう。		○「欧米諸国の世界進出」を題材にし、近代化の始まりについて考えさせながら、本時の見通しを立てさせる。
1.「イギリスの議会」を題材にし、本時の課題をつかむ。 2.議会がなぜ開かれるようになったのかを予想し、学習課題への見通しを持つ。 2-1.現代のイギリス議会の様子と比べ、気付いたことを挙げてみよう。 2-2.イギリスの議会は、いつごろ、なぜ開かれるようになったのかを予想してみよう。	当時のイギリス議会と現代の議会の写真	○当時のイギリス議会と現代の議会の比較から共通点があることに気づかせ、本時への導入を図る。
学習課題：イギリスでの革命や、アメリカでの独立戦争によって、政治のあり方はどのように変化したのだろうか		
3.近代の政治体制の変化について理解する。 3-1.近代の政治体制はどのよう		○近代の政治体制の変化を読み取らせる。 ○市民革命とは、市民と呼ば

に変化してきたのか、まとめてみよう。		れる人々が自由で平等な社会の実現を目指し、支配層を倒して主権者となり、社会を急激に変える動きであることを説明する。
3-2.専制君主制から立憲君主制や共和政に移行していくとき、どのようなことが起きただろうか。		
4.イギリスの市民革命の概要を理解し、政治のあり方はどのように変化したのかを考える。	『権利の章典』の条文一部を抜粋	○権利の章典の条文から、市民革命の結果、国の政治は議会を通じて行い、国王の政治的な権限が制限されるようになったことを読み取り、説明させる。
4-1.「王は君臨すれども統治せず」とは、どのような状況を表しているのだろうか。		
5.アメリカ独立戦争の背景を理解し、政治のあり方はどのように変化したのかを考える。		
5-1.現在の星条旗と変わっていること、変わっていないことを挙げ、その意味を考えてみよう。	独立同時の星条旗と現代の星条旗の絵画	◆独立当時の星条旗と現代の星条旗を比較させ、変化したこととしなかったことから、独立当時の状況を理解させる。
5-2.この絵画(「ボストン茶会時間」)はどのような場面を表わしたものだろうか。	「ボストン茶会事件」の絵画	◆独立の機運が「代表なければ課税なし」のスローガンに現れていることを理解させる。
5-3.独立戦争終了時によりよい国になるように、独立宣言に新たな条文を加えるとすればどのような条文を加えるか考えてみよう。	『アメリカ独立宣言』の一部抜粋	◆独立戦争に勝利した結果、アメリカでは代表制に基づく共和政と三権分立を定めた合衆国憲法が作られたことを理解させる。
6.本時のまとめをする。		◆市民たちが主権者となり、議会を通じて政治を担う体制や、自由で平等な社会を目指したことが説明できているか確認する。
6-1.「近代化」とはどのような変化か、政治の面から説明してみよう。		
7.学習課題への振り返りの活動を行う。		

(4) 評価

上記 (2) 本時の目標（ねらい）が達成できているか、まとめと感想、発表などから総合的に評価する。

6. 板書案

```
学習課題:イギリスでの革命や、アメリカでの独立戦争によって、
        政治のあり方はどのように変化したのだろうか。

1 変わる欧米諸国                  3 アメリカの独立戦争
17~19C ヨーロッパ「近代化」の時代    イギリス, 財政難から植民地に課税
・身分制の廃止                        →アメリカ住民の反発
 →自由で平等な「市民」がつくる「市民社会」  ・1775年 アメリカ独立戦争
・市民たちが国王らを倒して主権者となり国            日本は江戸時代
 家を運営(市民革命)              ・1776年 独立宣言の発表
・工業化の進展→資本主義社会の成立        →アメリカ合衆国の誕生
                                    初代大統領ワシントン
2 イギリスの議会政治
17C 国王と議会(国民)との対立       学習のまとめ:
・ピューリタン革命…クロムウェルの指導   国王や皇帝が支配する社会から、市民革
 →王政を廃止し共和政へ            命が起こり、市民が主権者として議会を通
 →独裁政治により王政が復活         じて国家を運営する社会へと変化した。
・1688年 名誉革命…国民が国王を追放
 →権利の章典の発表
 議会政治の確立と立憲君主政への移行
```

引用・参考文献

文部科学省ウェブページ　小・中学校向け主権者教育指導資料『主権者として
　求められる力』を子供たちに育むために（2022 年 11 月 30 日閲覧）https:
　//www.mext.go.jp/a_menu/ikusei/gakusyushien/mext_00085.html

帝国書院編集部『社会科 中学生の歴史 日本の歩みと世界の動き 指導書 学習
　指導案編

第 3 節　公民的分野の授業実践例（消費者教育）

　民法改正にともなって、2022 年 4 月から成年年齢が 18 歳に引き下
げられた。これにより 18 歳から自分で契約できる能力があるとされ、
高額な商品購入やローンを組むことができるようになった。その一方
で、これまで 20 歳まで認められていた未成年者契約の取消権が 17 歳
までとなり、有効な契約を簡単に取り消すことができなくなった。「契

約」によって社会に主体的に参加できるようになると同時に、消費者トラブルに巻きこまれる危険性も高まっている。そこで重視されているのが、「自立した消費者」を育成する消費者教育だ。「自立した消費者」とは、「消費者教育の推進に関する基本的な方針」で次のように示されている。①被害に遭わない消費者であること。②合理的意思決定ができる消費者であること。③社会の一員としてより良い市場とより良い社会の発展のために積極的に関与すること。

特にこれから成人になる生徒に対しては、発達段階に応じてこれらの力を身に付け、消費者として積極的な社会参加ができるように、消費者教育の機会を一層充実していくことが大切である。

現行学習指導要領でも、小・中学校の社会科、家庭科、技術・家庭科において消費者教育に関する内容を充実するなど、自立した消費者としての資質・能力を身に付けるための教育が始まっている。そこで、本節では、公民的分野における消費者教育の授業実践例について、学習指導案とともに紹介する。

中学校社会科公民的分野学習指導案

指導教諭 氏名：............... ㊞
授 業 者 氏名：............... ㊞

日　　　時　　年　月　日（　）＿＿＿時限
対象クラス　中学校＿＿年＿＿組（男子＿＿名　女子＿＿名　計＿＿名）

1．**単元名**
　消費者生活と経済（『新編 新しい社会 公民』東京書籍、2016 年）
2．**単元の目標**　身近な消費生活を中心に経済活動の意義や課題、解決策を理解させる（知識・理解）。価格の働きに着目させ、市場経済の基本的な考え方を理解させる【知識・理解】。環境の保全、

社会保障、消費者保護などの諸問題に関して、国や地方公共団体が果たしている役割について考えようとする資質を育てる【主体的に学習に取り組む態度】

3．単元の構想

　　本題材は公民的分野における（2）「私たちと経済」に関して、単元全体への導入部分に位置するものである。したがって、本題材を扱うにあたっては、全体の内容を包括的に含みつつ、生徒たちが市場経済や国民の生活、環境問題などに興味や関心を抱くような内容であることが求められる。単元の導入では、全国銀行協会の「生活設計・マネープランゲーム」を活用した活動を中心としながら、その中で経済活動の意義や市場経済の基本的な考え方、社会生活における職業の意義など、単元のイメージを持たせる。

4．単元指導計画と指導計画

時間	学習主題・主な学習活動	評価の観点		
		知・技	思・判・表	態度
1	生活設計・マネープランゲーム ・生活設計・マネープランゲームを通して、人生における収入と支出の関係に気付き、その関係について考えられている。	○		
2	私たちの消費生活、消費生活と契約 ・家計における支出の種類や貯蓄について知り、自分の生活と経済の関わりについて考える。 ・消費者主権と契約自由の原則を理解し、消費者問題について対処法を考える。	○	○	
3 本時	消費生活と流通 ・流通の仕組みを理解し、様々な条件に合わせた購入の方法を考える。		○	
4	消費生活と環境問題 ・消費者の行動が環境や経済に与える影響を考える。 ・身近な消費者問題及び社会課題の解決や、公正な社会の形成について考える。		○	

5．本時の指導

（1）題　目　消費生活と環境問題

（2）本時の目標（ねらい）

・消費者の行動が環境や経済に与える影響を考えることができる。【思考・判断・表現】
・身近な消費者問題及び社会課題の解決や、公正な社会の形成について考えることができる。【思考・判断・表現】

(3) 展開

学習内容と生徒の学習活動(S)	教材や準備	指導の留意点(○)、要点(◆)
0.経済活動における消費とは、どのような行動か。 S.財やサービスを購入し利用すること。		
1.スライドに提示された 9 つのマークを身のまわりから探してみよう。 S.文房具など身近なものにも様々なマークがついている。	学習課題:地球環境とマーク「さまざまなマークは誰のためにつけられているか」	
2-1.表示が義務化されている識別マーク（5 つ）について確認しよう。 S.①PET ボトル、②紙製容器包装、③プラスチック製容器包装、④飲料用スチール缶、⑤飲料用アルミ缶 2-2.平成 19 年度からゴミ総排出量と1 人 1 日当たりの排出量が減少しているのはどうしてか。 S1.識別マークが義務化されたことによりゴミの分別が進んでいる。 S2.各自治体におけるゴミの有料化や分別の徹底が進んでいる。 2-3.環境マークについて確認しよう。 S.①JAS マーク、②エコマーク、③グリーンマーク、④再生紙使用（R）マーク		◆識別マーク・環境マークについて説明する。
3-1.なぜ企業は費用等をかけてエコマークを取得するのだろうか。 S1.産業廃棄物不法投棄事件が発生しているから。 S2.ゴミ最終処分場の残余年数(約 20 年）が限られているかから。 S3.企業は利益追求だけでなく、環境や人々の生活を安全で安心なものにしていく社会的責任を負っているから。		◆企業の社会的責任について説明する。
4.消費者の権利と責任について考えてみよう。 S.国や企業の取組みを踏まえ、消費者としての権利を実現するために、また消費者の責任を果たすためにはどのような行動をすればよいかを考える		◆消費者の責任を果たすための行動について考え、自分の意見を持てているか。【思考・判断・表現】
5. 単元のまとめと感想を記入する。 6. まとめについて発表する S. 自分の消費行動が社会・経済・環境等に与える影響を考え、行動する必要がある。		◆自分の言葉でまとめられているか。【思考・判断・表現】

（4）評価

上記（2）本時の目標（ねらい）が達成できているか、まとめと感想、発表などから総合的に評価する。

引用・参考文献

文部科学省ウェブページ　消費者教育の推進について（2022 年 11 月 30 日閲覧）https://www.mext.go.jp/a_menu/ikusei/syouhisha/

一般社団法人銀行協会　学校教育や消費者教育に携わる方（2022 年 11 月 30 日最終閲覧）https://www.zenginkyo.or.jp/education/

さいたま市立浦和中学校（令和元年度金融経済教育研究指定校）「研究テーマ　私たちの暮らしと経済」（社会科公民的分野）の授業実践（2022 年 11 月 30 日最終閲覧）https://www.zenginkyo.or.jp/education/support/support01/r1/urawa-j/

脚注

1　主権者教育につながる歴史に授業づくりの考察課題には次のものがある。①政治的リテラシー〔政治的判断力や批判力〕の育成という観点から、民主政治の長所ばかりでなく、短所〔限界〕も意識しつつ授業づくりにあたること。②生徒が、時期、推移、差異、関係等の歴史的な見方・考え方を働かせて、古代ギリシャ・ローマ時代の民主政治の起源から近代の代表制をともなった民主政治への展開を、概念的知識のレベルで意味あるつながりをもって理解できるように学習内容を構成すること。③民主的な学習集団づくりを基盤に、生徒による協働的・対話的な考察の過程〔模擬的な社会参加の過程〕として授業過程を組み立てること。（梅津正美「歴史的分野における主権者教育の視点から考える世界史授業の展開」『中学校社会科のしおり』帝国書院、2017 年、33 頁参照）

執筆者

編　者：宇内一文（常葉大学 健康プロデュース学部・准教授）
　　　　はじめに、第1章 第1節、第2章〜第5章、第6章 第1・4節、
　　　　第7章 第3・4節、第8章

執筆者：松岡侑介（日本経済大学 経営学部・講師）…… 第1章 第2節
　　　　高木加奈絵（流通経済大学 法学部・助教）…… 第6章 第2・3節
　　　　佐久間邦友（日本大学 文理学部・准教授）…… 第7章 第1・2節

教職のための中等社会科教育の理論と指導法

2023年4月1日　初　版発行
2023年6月1日　第2刷発行

編　　　者　宇内一文

発　行　所　株式会社 三恵社
　　　　　　〒462-0056　愛知県名古屋市北区中丸町2-24-1
　　　　　　TEL.052-915-5211　　FAX.052-915-5019
　　　　　　URL https://www.sankeisha.com